Les 110 Règles d'or du travail

Richard Templar

Les 110 Règles d'or du travail

Un code de réussite professionnelle

Marabout

Du même auteur chez Marabout :

Les 100 Règles d'or du management, 2007

Publié pour la première fois en Grande-Bretagne en 2003 par Pearson Education Limited sous le titre *Rules of Work*.

Traduction française : Valérie Baudin avec la collaboration d'Isabelle de Jaham.

Sommaire

Règle 2
Sachez qu'on vous juge en permanence

Règle 3
Ayez un projet

Règle 4
Si vous n'avez rien de bien à dire : taisez-vous

Règle 5
Faites attention à vous

Règle 6
Mélangez-vous aux autres

Règle 7
Agissez avec une longueur d'avance

Règle 8
Cultivez l'art de la diplomatie

Règle 9
Connaissez le système et exploitez-le

Règle 10
Occupez vous de l'opposition

Remerciements

Je remercie Rachael Stock ; sans son soutien, ses encouragements et son enthousiasme, ce livre n'aurait jamais vu le jour.

AVANT-PROPOS

Nous voulons presque tous, j'en suis sûr, bien faire notre travail. Nous voulons presque tous, j'en suis sûr également, occuper des postes importants, obtenir de meilleurs salaires, une plus grande sécurité, un statut plus élevé et avoir un avenir brillant. Alors, nous nous efforçons de faire si bien notre travail que nous serons récompensés, respectés et promus.

Et c'est là que nous nous trompons.

Bien entendu, nous devons accomplir notre travail correctement. Les incompétents, les paresseux et les inadaptés sociaux n'ont pas d'avenir. Mais Richard Templar met le doigt sur la faille de la logique implicite selon laquelle mieux on accomplit son travail, plus vite on progresse dans une entreprise. Il souligne que chacun de nous accomplit deux fonctions mais que nous ne sommes généralement conscients que de l'une d'elles – le travail qui nous a été confié. Nous cherchons à réaliser nos objectifs de vente, à réduire le temps d'immobilisation des machines, à accélérer la gestion de la comptabilité mensuelle, etc. L'autre fonction est à la fois plus large et plus vague ; il s'agit de faire fonctionner l'organisation. Si les gens pensent que vous êtes capable de résoudre les problèmes de l'organisation même de l'entreprise, et pas seulement de la petite partie qui vous est dévolue, vous vous détachez du groupe. Mais comment atteindre cet objectif ? La réponse est simple : lisez ce livre. Suivez *les 110 Règles d'or du travail.*

J'ai réalisé, en lisant ce livre, que j'ai toujours été à moitié conscient de ces règles, bien que je ne sois jamais parvenu à les formuler et à les analyser avec la clarté et la précision de Richard Templar. À une époque, je devais faire passer des entretiens à un grand nombre de candidats qui postulaient pour être promus au sein de la BBC, et j'avais le sentiment, sans savoir pourquoi, que la plupart d'entre eux n'avaient pas l'étoffe d'un haut dirigeant. Était-ce la manière dont ils s'habillaient, dont ils marchaient, dont ils parlaient ? Probablement un peu tout cela, mais c'était surtout leur attitude et leur disposition d'esprit qui, d'une certaine manière, affectaient tout le reste.

La plupart de ces candidats soulignaient à quel point ils accomplissaient bien leur travail, ce qui était inutile ; nous le savions puisque nous leur faisions passer des entretiens ; pourquoi le rappeler sans cesse ? Une toute petite minorité d'entre eux avait réellement réfléchi aux problèmes des emplois pour lesquels ils postulaient, par opposition au travail qu'ils accomplissaient. Et la plupart n'avaient pas examiné les problèmes de la BBC en tant qu'organisation. En fait, ils n'avaient pas conscience des fameuses règles.

Le gourou américain du management, Peter Drucker, fait la distinction utile entre efficience et efficacité : l'efficience, c'est l'aptitude à bien faire le travail ; l'efficacité, à faire le bon travail. Votre patron vous dira comment bien faire le travail, mais c'est à vous de trouver quel est le bon travail. Cela demande de regarder le monde en dehors de votre organisation ; ce dont il a besoin, de quelle manière ses besoins évoluent et ce que votre entreprise doit faire (ou arrêter de faire) pour survivre et prospérer.

Je me souviens d'avoir fait passer des entretiens à deux présidents de grandes sociétés. Tous deux avaient rejoint leur entreprise après l'université, en même temps que des centaines d'autres diplômés brillants et ambitieux. Je leur ai demandé comment ils avaient fait pour arriver tout en haut de l'échelle et distancer les autres. Le premier m'a répondu qu'il ne savait pas, mais qu'il pouvait me dire, en revanche, que chaque travail qu'il avait accompli avait été démantelé après son départ. Le second ne savait pas non plus, mais il a affirmé qu'aucun des projets qu'il avait menés à bien n'avait été entrepris avant qu'il ne commence à le faire. En tout cas, tous deux savaient se focaliser sur le fait de faire le bon travail, de penser en président, même lorsqu'ils n'étaient que managers juniors ou intermédiaires. Et je suis persuadé qu'ils suivaient également les autres règles que vous allez découvrir : ils occupaient leur poste en donnant toujours l'impression qu'ils devraient être à un poste plus élevé. Et – comme Richard Templar le souligne – ils étaient populaires et respectés de tous au sein de l'entreprise. Vous ne pouvez pas être un président accompli si vous êtes entouré de collègues aigris, rancuniers et démoralisés.

Les 110 Règles d'or du travail constituent avant tout un guide à l'usage du dirigeant et un outil précieux pour tous ceux qui souhaiteraient s'élever jusqu'au sommet mais ne semblent pas arriver à en trouver le chemin. Il s'agit également, en grande partie, d'un ouvrage utile pour l'entreprise même. En effet, les dangers qui guettent la plupart d'entre nous sont la fossilisation, la prise en compte exclusive des tâches internes, des systèmes et des procédures, et la perte de contact avec le monde extérieur. Et ces dangers deviendront des nuisances réelles si nous nous attachons à être efficients plutôt qu'efficaces – autrement dit, si nous ne respectons pas les règles.

Sir Anthony Jay, créateur de *Video Arts*,
une série de films dédiés à la formation professionnelle,
et très connus en Grande-Bretagne,
à la fois pour leur humour décapant et leur guest-stars

Introduction

J'ai commencé à formuler *Les 110 Règles d'or du travail* il y a de nombreuses années, alors que j'étais directeur adjoint. Il y avait un recrutement en cours pour le poste au-dessus du mien, celui de directeur, et deux candidats possibles – Rob et moi-même. Je disposais, sur le papier, de plus d'expérience, de plus d'expertise, du soutien de la majeure partie du personnel pour ce poste et, de manière générale, je connaissais mieux le travail. Pour être honnête, Rob était nul.

Je bavardais avec un consultant qui travaillait pour la société et lui demandais quelles étaient mes chances. « Faibles », répondit-il. J'en suffoquais. Je lui parlais de mon expérience, de mon expertise et de mes capacités supérieures. « Oui », répondit-il, « mais vous ne feriez pas un bon un directeur ». « Et Rob ? » « Rob ferait très bien l'affaire. » Inutile d'ajouter qu'il avait entièrement raison et que Rob eut le poste. Je dus travailler sous la responsabilité d'un crétin. Mais d'un crétin qui savait comment occuper son poste. Je me mis à étudier son attitude avec attention.

Le consultant avait mis dans le mille : il existait une attitude de directeur. Je commençais à remarquer que chaque employé avait sa propre manière de se comporter en fonction du poste qu'il occupait. Les réceptionnistes d'une certaine manière, de même que les caissières, le personnel de la restauration, les employés de bureau, le personnel administratif, le personnel de la sécurité – sans oublier les directeurs, bien entendu. Je commençais à m'entraîner à acquérir l'attitude et l'état d'esprit de directeur, en secret.

Ressembler au personnage

En passant beaucoup de temps à observer la démarche des directeurs, je réalisais qu'il existait aussi une manière de s'habiller, de parler, bref, une manière d'être qui leur était propre. Si je voulais être promu, je ne devais pas seulement être compétent et avoir de l'expérience, je devais *avoir l'air* d'être meilleur que tous les autres. Je ne devais pas seulement changer de démarche mais aussi modifier complètement mon look. Et, petit à petit, mes observations me permirent de comprendre que le choix du journal que l'on lit avait de l'importance, de même que le stylo dont on se sert, que la manière dont on écrit, dont on parle à ses collègues, ce qu'on dit en réunion. En réalité, tout était jugé, évalué et suivi d'effets. Il ne suffisait pas d'être capable de faire le travail. Pour pouvoir progresser, il fallait être perçu comme une personne appartenant au Bon Type. *Les 110 Règles d'or du travail* ont pour vocation de créer ce type ; bien entendu cela suppose, au préalable, que vous soyez capable de faire le travail. Mais beaucoup de gens en sont capables. Qu'est-ce qui vous démarque des autres ? Qu'est-ce qui fait de vous un bon candidat pour une promotion ? Qu'est-ce qui fait la différence ?

Agir avec une longueur d'avance

Je remarquais que, parmi les directeurs, certains maîtrisaient parfaitement l'attitude de directeur, mais que d'autres s'entraînaient inconsciemment à l'attitude suivante : celle de directeur général.

À cette époque, je me déplaçais beaucoup entre différents établissements et remarquais que certains directeurs généraux allaient rester longtemps au même poste alors que d'autres préparaient déjà la prochaine étape – en s'exerçant à l'attitude de directeur régional et en adoptant son style et son image.

J'ai cessé de m'entraîner à être directeur et suis passé directement à directeur général. Trois mois plus tard, je passais du poste de directeur adjoint à celui de directeur général, d'un seul coup. J'étais maintenant le directeur du crétin.

Faire réellement ce qu'on prétend faire

Rob avait l'attitude, mais malheureusement il n'appliquait pas suffisamment la Règle 1 : il ne travaillait pas assez bien. Il avait l'air d'être fait pour le poste, sonnait juste, mais en fin de compte il n'accomplissait pas le travail aussi bien qu'il l'aurait dû. On m'a fait passer au-dessus de lui parce qu'on ne pouvait pas le renvoyer – comme il venait d'être promu, cela aurait fait mauvais effet – et qu'on avait besoin de quelqu'un pour contrôler son travail afin de rectifier rapidement ses erreurs. Rob avait atteint la limite de sa propre incompétence ; il resta à ce poste plusieurs années sans s'améliorer ni particulièrement empirer – et continua à avoir l'air fait pour ce poste et à se comporter de la bonne manière. Il partit de sa propre initiative pour diriger sa propre affaire, un restaurant. L'affaire échoua très rapidement car il oublia la Règle 1.2 : *Ne restez jamais immobile* – à supposer qu'il l'ait jamais connue. Il continua de fonctionner comme un directeur et non comme un restaurateur. Ses clients ne sympathisèrent jamais avec lui.

J'avais été promu parce que je m'étais entraîné à être directeur, mais également parce que je prenais grand soin à bien accomplir mon travail (Règle 1). Une fois en poste, j'étais un peu perdu, bien entendu. Je dus apprendre vite non seulement mon nouveau rôle et toutes les responsabilités qui l'accompagnaient, mais aussi ceux du poste inférieur, que je n'avais jamais vraiment occupé. J'avais déjà eu l'occasion de remplacer des directeurs mais je n'avais jamais été directeur – et j'étais maintenant le directeur des directeurs. Je courrais le danger de me casser la figure.

Ne laissez personne voir à quel point vous travaillez dur

Mais j'étais déjà, à cette époque, un fidèle « adepte des Règles ». Il n'y avait qu'une seule chose à faire : apprendre en secret. Je passais chaque seconde libre – soirées, week-ends, pauses déjeuner – à étudier tout ce que je pouvais, à lire tout ce qui pourrait m'aider. Mais je n'en parlais à personne (Règle 1.10).

En peu de temps, j'en maîtrisais assez pour pouvoir accomplir le travail suffisamment bien. Et *Les 110 Règles d'or du travail* existaient, sous forme embryonnaire.

Avoir un projet

Être directeur général était à la fois amusant et pénible. Le poste représentait 50 % de travail supplémentaire, pour seulement 20 % de rémunération supplémentaire. Ma prochaine étape, en toute logique, était celle de directeur régional. Mais cela ne me disait rien. Plus de travail, beaucoup plus de travail, pour un peu plus d'argent. Je commençais à étudier la Règle 3 : *Ayez un projet.* Que voulais-je faire ensuite ? Je commençais à en avoir assez de toutes ces réunions interminables et mortelles et je trouvais que je passais trop de temps au siège social. Très peu pour moi. Je voulais de nouveau m'amuser. Je voulais appliquer les Règles. J'élaborais mon projet.

Je remarquais que la société manquait d'un médiateur volant ; une sorte de directeur général du directeur général. Je mis en œuvre la Règle 1.4 : *Créez votre niche.* Je dis au président du conseil qu'on avait besoin d'un échelon hiérarchique supplémentaire sans lui dire que je désirais l'occuper, mais je suppose que c'était évident. J'obtins le poste, bien sûr, et je devins directeur général ambulant, ne répondant directement qu'au président et avec un descriptif de poste écrit de ma main. Et financièrement ? J'étais bien mieux payé que les directeurs régionaux mais je pratiquais la Règle 5 : *Faites attention à vous.* Ils ne le savaient pas et j'évitais de le leur faire savoir. Mais je cultivais leur soutien et leur amitié. Je ne les menaçais pas car il était évident que je ne courais pas après leur travail. Peut-être auraient-ils souhaité être payés comme moi s'ils avaient su ce que je gagnais, mais ils ne voulaient pas de la petite niche que je m'étais faite.

Et je fis tout cela sans me conduire de manière impitoyable, malhonnête ou déplaisante. Je me montrais, en réalité, toujours diplomate lorsque j'avais affaire aux directeurs généraux. Je les traitais avec courtoisie et politesse, même lorsque je devais les alerter sur tel ou tel aspect de leur travail. J'ajoutais une Règle 4 : *Si vous n'avez rien de bien à dire : taisez-vous* et une Règle 8 : *Cultivez l'art de la diplomatie.*

Connaître les personnes qui comptent

Et j'appris rapidement que, si je voulais savoir ce qui se passait dans un établissement, mieux valait parler aux personnes qui le savaient vraiment, c'est-à-dire le personnel d'entretien, les réceptionnistes, les caissières, le groom d'ascenseur et les chauffeurs. Il était important à la fois d'identifier ces personnes, et d'être bien vu d'elles (Règle 9.6). Elles me fournirent plus d'informations que je ne l'aurais imaginé et simplement parce que je prenais la peine de leur lancer un simple « Bonjour, Bob, comment va votre fille ? Et ses études ? »

Les 110 Règles d'or du travail prirent forme. Je les regardais grandir, mûrir et s'appuyer sur mon expérience, au cours des quelques années qui suivirent. Je quittais la société et créais mon propre cabinet de conseil. Je formais des managers en appliquant *Les 110 Règles d'or du travail* et les regardais s'élancer dans le monde et conquérir leur destin avec charme, courtoisie, confiance en eux et autorité.

Mais je suis sûr que vous avez des questions. Vous vous demandez comment fonctionnent ces règles et si vous aurez à manipuler les autres. Non, vous ne faites rien faire aux autres, c'est *vous* qui changez et vous améliorez.

• Devez-vous devenir quelqu'un d'autre ? Non, vous aurez peut-être besoin de modifier un peu votre comportement, mais pas votre personnalité ni vos valeurs, vous poursuivrez votre chemin en restant vous-même, mais un « vous-même » plus rusé, plus rapide et qui réussit mieux.

• Sont-elles difficiles à retenir ? Non, vous pouvez les apprendre en une ou deux semaines, mais il faut plus de temps pour les maîtriser réellement. Mais nous apprenons en permanence, et mieux vaut appliquer ne serait-ce qu'une règle que de n'en appliquer aucune.

• Repère-t-on facilement ceux qui appliquent les Règles ? Oui, parfois. Mais les bons « adeptes des Règles » ne vous laisseront jamais voir ce qu'ils font : ils sont trop forts pour cela. Lorsque vous-même serez devenu « adepte des Règles », cela deviendra plus facile de voir quelles règles sont appliquées et quand.

• En tirerez-vous immédiatement profit ? Oui, immédiatement !

• Est-ce que je continue de les mettre en œuvre ? Je n'admettrai même pas que j'ai commencé à un moment précis à le faire ; après tout, je suis le promoteur des Règles !

• Est-il éthique d'utiliser les Règles ? Oui. Vous ne faites rien de mal, vous utilisez simplement vos capacités et talents naturels, les adaptez et vous en servez de manière consciente. L'expression « de manière consciente » est clé pour comprendre les Règles. Tout ce que vous ferez aura été décidé par avance – vous continuerez de paraître spontané, bien sûr, vous avez décidé cela aussi –, mais vous serez un acteur conscient de toute situation, plutôt qu'une victime inconsciente. Vous serez conscient et averti, vous saurez saisir les opportunités et vous tirerez partie de vos propres capacités. En fin de compte, vous devez être capable de faire votre travail et, en tout premier lieu, de bien le faire. Les Règles ne sont pas pour les poseurs, les menteurs, les charlatans et les cabotins. Vous pensiez travailler dur aujourd'hui ? Ce n'est rien comparé au travail qui vous attend pour appliquer les Règles avec succès.

Voyons les choses en face, vous aimez travailler. Je le sais puisque vous avez envie de lire les Règles et de progresser. Je vous demande de réfléchir consciemment à chaque domaine de votre travail et d'apporter des changements pour améliorer :

- la manière dont vous faites votre travail ;
- la manière dont les gens perçoivent ce que vous faites.

Si vous n'appliquez pas les Règles, vous vous débrouillerez tant bien que mal, arriverez à vous en sortir et parviendrez peut-être à trouver ce que vous cherchez. Peut-être connaissez-vous et appliquez-vous déjà un certain nombre de ces Règles, de manière instinctive et intuitive. Après avoir lu ce livre, vous le ferez de manière consciente. Si vous le faites :

- vous serez promu ;
- vous vous entendrez mieux avec vos collègues ;
- vous vous sentirez mieux avec vous-même ;
- vous apprécierez davantage votre travail ;

- vous comprendrez mieux votre travail ;
- vous comprendrez mieux le point de vue de votre patron ;
- vous serez davantage fier de vous et de votre travail ;
- vous constituerez un bon exemple pour le personnel junior ;
- vous apporterez plus à votre société ;
- vous serez estimé et respecté ;
- vous instillerez une atmosphère de bonne volonté et d'entraide autour de vous ;
- vous serez couronné de succès si vous choisissez de créer votre propre entreprise.

Ces Règles sont simples et efficaces, sûres et pratiques. Ce sont vos dix démarches pour bâtir de la confiance et créer un nouveau « vous », plus puissant. Vous construirez ce nouveau « vous » de manière morale et éthique. Vous n'accomplirez aucune action que vous pourriez reprocher aux autres. Ces Règles mettent en valeur vos normes personnelles et rehaussent vos principes individuels. C'est le cadeau que je vous fais. Elles vous appartiennent. Gardez-les en sécurité, tenez-les secrètes.

RÈGLE 1

METTEZ LA THÉORIE EN PRATIQUE

Voici la règle qui est sous-jacente à toutes les autres : apprenez à bien connaître votre travail, faites-le bien et soyez meilleur que les autres. C'est aussi simple que cela. Le secret est de s'assurer que personne ne sache à quel point vous devez travailler dur pour accomplir si bien votre travail. Vous pouvez réaliser tout votre apprentissage en secret, en privé – n'en dites simplement rien, ne laissez personne savoir ce que vous faites – et ne dites jamais, au grand jamais, à personne que vous avez lu ce livre ; c'est votre bible secrète. Vous devez en revanche paraître calme et efficient, donner l'impression de dominer la situation et d'en avoir la maîtrise totale. Vous progressez en douceur à travers votre travail quotidien, avec facilité et assurance. Vous êtes imperturbable et rien ne vous arrête. L'essentiel reste, toutefois, d'être *vraiment* bon dans votre travail de base.

Règle 1.1

FAITES EN SORTE QU'ON REMARQUE VOTRE TRAVAIL

Votre travail passe trop facilement inaperçu dans le tourbillon de la vie de bureau. Vous travaillez comme un fou et avez peut-être du mal à vous rappeler que vous devez faire un effort pour améliorer votre situation particulière et soigner votre image. Mais c'est important. Vous devez laisser votre empreinte afin de vous distinguer et que vos chances de promotion se réalisent.

La meilleure manière d'y parvenir est de vous écarter de la routine du travail. Si vous devez fabriquer un certain nombre de gadgets par jour – à l'instar de vos collègues –, en fabriquer plus ne vous apportera pas grand-chose. Mais si vous soumettez un rapport à votre patron sur la manière dont *tout le monde* pourrait en fabriquer plus, alors on vous remarquera. Une excellente manière de vous démarquer est de préparer un rapport spontané. Cela montre que vous réfléchissez vite et prenez de l'initiative. Mais pas trop fréquemment : si vous soumettez votre patron à un déluge de rapports qui n'ont pas été demandés, vous serez remarqué mais pas de la bonne manière. Vous devez respecter certaines règles :

• soumettez un rapport uniquement de manière occasionnelle ;

• soyez vraiment certain que ce que vous préconisez fonctionne dans la réalité ; que cela apporte une amélioration ou fournit des bénéfices ;

• assurez-vous que votre nom figure bien en évidence sur votre rapport ;

• assurez-vous que le rapport sera vu non seulement par votre patron, mais aussi par le patron de ce dernier ;

• vos propositions peuvent prendre différentes formes : rapport mais aussi article dans le bulletin interne de la société.

Bien entendu, la meilleure manière de faire remarquer votre travail est de vraiment y exceller. Et la meilleure manière d'exceller dans votre travail est de vous y consacrer entièrement et d'ignorer le reste : politique, cancans, stratagèmes et rapports entre collègues. Tout cela prend du temps, mais n'est pas le cœur de votre activité. Montrez-vous alerte et vous aurez déjà un immense avantage sur vos collègues. Les adeptes des Règles restent concentrés. Focalisez-vous sur la tâche en cours : excellez dans votre travail, et ne vous laissez pas distraire.

UNE EXCELLENTE MANIÈRE DE VOUS DÉMARQUER EST DE RÉDIGER UN RAPPORT SPONTANÉ

Règle 1.2

Ne soyez pas passif

La plupart des gens vont travailler le matin avec une seule attente : celle que l'heure de rentrer chez eux arrive. Pendant leur journée, ils feront ce qu'ils ont à faire pour parvenir à cette heure magique. Ce n'est pas votre cas. Vous ne resterez pas passif. Une fois qu'ils ont décroché le poste, la plupart des gens semblent se contenter de faire leur travail et restent statiques. Mais, pour un « adepte des Règles », faire le travail n'est pas la fin du jeu, simplement un moyen d'y parvenir. Le but du jeu consiste à être promu, à gagner plus d'argent, à réussir, à progresser, à vous élever ou à accumuler contacts et expérience pour vous établir à votre compte, quel que soit le souhait figurant sur votre liste (voir Règle 3). D'une certaine manière, le travail n'est pas le sujet de vos préoccupations.

Oui, vous devez accomplir le travail. Eh oui, vous devez le faire extrêmement bien. Mais votre regard devrait déjà se poser sur la prochaine étape et chaque activité que vous vous permettez au travail ne devrait être qu'une étape dans vos projets de progression.

Pendant que les autres pensent à leur prochaine pause-café ou à la manière de passer l'après-midi sans rien faire, vous serez occupé à préparer et mettre en œuvre votre prochaine manœuvre. Idéalement, l'adepte des Règles devrait avoir fini son travail à l'heure du déjeuner et disposer ainsi de son après-midi pour étudier en vue de la prochaine promotion, évaluer la concurrence de ses collègues proches, écrire des rapports spontanés afin de faire remarquer son travail, rechercher des moyens d'améliorer la méthode de travail de tout le monde, améliorer sa connaissance du fonctionnement et de l'historique de la société.

Si vous ne parvenez pas à finir votre travail pour l'heure du déjeuner, vous devrez alors caser vos études et recherches entre deux dossiers ou avant et après votre travail. Mais vous ne devez pas simplement attendre que la journée se passe. Ne pensez jamais qu'accomplir votre travail soit suffisant. Ça, c'est pour les autres. Vous continuerez d'avancer en préparant, étudiant, analysant et apprenant.

Nous avons parlé, précédemment, de l'attitude que doit avoir un vrai patron ; eh bien, vous allez vous exercer à cette attitude ou à toute autre que vous voulez maîtriser. Vous devez considérer les promotions ou les étapes que vous souhaitez atteindre comme un mouvement. Bougez, sinon vous serez fossilisé. Vous devez être en mouvement ou vous deviendrez stagnant. Vous devez aimer le mouvement ou vous prendrez racine.

DANS UN MONDE IDÉAL, L'« ADEPTE DES RÈGLES »
A FINI SON TRAVAIL À L'HEURE DU DÉJEUNER
ET DISPOSE DE SON APRÈS-MIDI

Règle 1.3

Portez-vous volontaire avec prudence

Beaucoup de gens pensent que, en acceptant de collaborer à tous les nouveaux projets, ils se feront remarquer, féliciter et auront une promotion. Faux. Si vous avez un comportement dévoué, le manager intelligent placé au-dessus de vous s'en servira et vous finirez surmené, sous-estimé et maltraité. Avant de lever la main pour vous porter volontaire, réfléchissez soigneusement. Vous devez vous poser différentes questions :

• pourquoi cette personne demande-t-elle des volontaires ?

• comment cela sert-il mes projets ?

• comment serai-je perçu par la direction si je me porte volontaire ?

• comment serai-je perçu si je ne me porte pas volontaire ?

• est-ce un sale boulot dont personne ne veut ?

• cette personne est-elle sincèrement terriblement surchargée et a-t-elle vraiment besoin de mon aide ?

Il peut s'agir d'un sale boulot, dont personne ne veut, et en vous portant volontaire vous vous ferez peut-être bien voir de la direction : elle pensera que vous êtes capable de relever le défi, d'être utile, d'être prêt à remonter vos manches et à vous y mettre sérieusement. À l'inverse, elle pourra vous prendre pour une poire ou, si vous vous portez volontaire pour vous occuper du classement, pour un simple documentaliste. Vous susciterez peut-être plein d'autres bonnes volontés prêtes à aider quelqu'un qui a vraiment besoin de soutien. Soyez prudent et choisissez vos moments. Cela n'a aucun sens de lever la main si cela vous fait passer pour un imbécile. Ne vous portez volontaire qu'une fois que vous serez certain que cela vous fera bien voir, que vous en retirerez quelque chose ou que vous rendrez vraiment service à celui qui a besoin d'aide.

Sachez également que vous donnerez parfois l'impression de vous porter volontaire sans avoir levé la main ni fait un pas en avant. Si tous vos collègues font collectivement un pas en arrière, vous laissant sur place à découvert, vous passerez pour volontaire alors que ce n'était nullement votre intention. La première fois, vous devrez faire avec et accomplir le travail, mais assurez-vous que cela ne se reproduise pas. Rappelez-vous que vous êtes un « adepte des Règles », ne vous faites pas avoir deux fois ! Soyez davantage à l'écoute la prochaine fois, sentez venir le mouvement collectif et reculez en même temps que les autres.

AVANT DE LEVER LA MAIN POUR VOUS PORTER VOLONTAIRE, RÉFLÉCHISSEZ SOIGNEUSEMENT

Règle 1.4

CRÉEZ VOTRE EXPERTISE

J'ai travaillé avec un collègue qui s'était fait une spécialité de trouver des informations sur les clients que nous ne pouvions trouver. Il semblait toujours connaître le nom de leurs enfants, l'endroit où ils partaient en vacances, leur date d'anniversaire – et celle de leur conjoint –, leurs musiques et restaurants favoris. Aussi, quand l'un de nous avait affaire à un client particulier, il allait voir Mike et lui demandait, poliment et humblement, s'il pouvait lui donner quelques petits détails qui le feraient bien voir du client. Mike s'était créé sa propre spécialité. Personne ne lui avait demandé de devenir une encyclopédie vivante des désirs de ses clients. Cela ne faisait pas partie de son descriptif de poste. Cela demandait beaucoup de travail et d'efforts non reconnus officiellement. Et c'était un atout très appréciable. Il ne fallut pas beaucoup de temps pour que le directeur régional entende parler des efforts particuliers de Mike, et son ascension dans l'échelle de la société fut rapide, voire sans précédent. Voilà tout ce que cela demanda. En réalité, cela représentait beaucoup de travail et c'était extrêmement intelligent.

Créer sa propre expertise signifie explorer une activité utile que personne d'autre n'a repéré. Ce n'est pas forcément compliqué : il peut s'agir de savoir écrire des rapports documentés, bien construits et clairs, de savoir, comme Mike, quelque chose que personne d'autre ne sait, d'organiser les tours de service du personnel avec génie, d'établir des budgets ou de comprendre le système comme personne. Assurez-vous cependant de ne pas vous rendre indispensable, ou cette règle se retournerait contre vous.

Se créer un savoir-faire unique vous conduira souvent en dehors de la gamme normale des activités de bureau. Vous serez amené à vous déplacer davantage, à être plus souvent à l'extérieur du bureau, sans avoir à expliquer à quiconque où vous êtes ni ce que vous faites. Cela vous distingue de la bande, vous confère de l'indépendance et vous valorise. Je me suis porté volontaire, une fois, pour éditer le bulletin interne de la société – en conservant à l'esprit la règle précédente – et je pouvais me promener entre nos sept établissements à ma guise. Bien entendu, je me suis toujours assuré que mon travail était achevé en temps voulu et qu'il était très bien fait.

Cela signifie aussi que vous vous ferez remarquer par des personnes autres que votre patron : les patrons des autres. Ces patrons se réunissent et parlent. S'ils mentionnent votre nom, ce sera en bien : « Je vois que Rich a réalisé des analyses de marché vraiment originales. » Votre patron pourra difficilement ne pas vous promouvoir s'il veut gagner l'approbation de ses pairs.

SI LES AUTRES PATRONS ESTIMENT QUE CE SERAIT UNE BONNE IDÉE DE VOUS PROMOUVOIR, VOTRE PATRON NE POURRA QU'ÊTRE D'ACCORD

Règle 1.5

Promettez moins et faites plus

Si vous savez que vous pouvez faire le travail pour mercredi, dites toujours que vous le ferez pour vendredi. Si vous savez que cela prendra une semaine à votre service, dites deux. Si vous savez que deux personnes supplémentaires sont nécessaires pour installer la nouvelle machine et la mettre en route, alors dites trois.

Ce n'est pas malhonnête, mais simplement prudent. Si on vous fait remarquer que vous demandez plus que nécessaire, admettez-le ouvertement et honnêtement et dites que vous intégrez toujours dans vos calculs une marge de sécurité pour les imprévus. On ne peut pas vous en vouloir.

C'est la première chose. Promettez moins. Mais, attention, cela ne signifie pas que vous pouvez vous la couler douce et consommer entièrement la marge de temps supplémentaire que vous avez demandée. Oh, non. Ce que vous devez faire, c'est vous assurer de rendre votre travail en avance, en respectant le budget et faire mieux que promis. Et voici la deuxième chose : faites plus. Autrement dit, si vous avez promis que le rapport serait fini lundi, non seulement le rapport doit être achevé, mais il doit contenir les plans complets de réalisation des nouveaux locaux. Ou, si vous avez promis que l'exposition serait en place le dimanche soir avec seulement les deux personnes supplémentaires dont vous disposez, cela doit être fait, mais vous devez aussi avoir obtenu que votre principal concurrent se retire du salon. Ou, si vous avez promis une première ébauche écrite de la nouvelle brochure de la société pour la réunion suivante, cela doit non seulement être le cas, mais vous devez également avoir préparé une maquette couleur complète, le texte entier aura été écrit et corrigé, toutes les photos auront été prises, les coûts complets d'impression et les devis de distribution seront indiqués. Bien entendu, vous devez vous montrer attentif à ne pas dépasser la limite : n'assumez pas des responsabilités qu'on ne vous a pas confiées.

Cela peut paraître évident, mais n'agissez pas de manière trop flagrante, ou votre patron s'habituera à vos performances. Ce que vous apportez en plus doit être une bonne surprise et non une tactique fréquemment utilisée.

Il peut être utile parfois de faire l'innocent. Vous pouvez prétendre que vous ne comprenez pas certaines techniques nouvelles ou certains nouveaux logiciels, alors qu'en réalité vous les connaissez parfaitement. Puis lorsque, soudain, vous préparez tous les budgets à l'aide d'outils que vous êtes le seul à savoir utiliser, vous faites bonne figure. Si vous aviez dit, par avance : « Oh, oui, je les connais, j'ai utilisé ces outils dans mon dernier poste », il n'y aurait plus de surprise ; vous auriez vendu la mèche et révélé votre atout.

Lorsque vous promettez moins ou faites plus, vous devez respecter l'essentiel : en tant qu'adepte des Règles, vous ne devez *jamais* rendre votre travail en retard ou faire moins que ce que vous avez promis. Voilà. Est-ce que cela signifie que vous devrez suer sang et eau et passer la nuit à travailler ? Oui. Vous rendrez votre travail à la date pour laquelle vous vous êtes engagé – ou plus tôt si vous le pouvez – sans exception. Mieux vaut négocier dès le départ des délais de livraison plus longs que de faire défaut à quelqu'un. Beaucoup de gens souhaitent tellement être appréciés, approuvés et félicités, qu'ils acceptent le premier délai de livraison qu'on leur propose – « Oh, oui, je peux le faire » –, puis ils échouent. Ils passent d'abord pour des gens qui se laissent faire, puis pour des incompétents.

Règle 1.6

Ayez des compétences que les autres n'ont pas

J'ai travaillé à un moment donné avec un homme qui s'appelait Steve. Il connaissait le français comme la plupart d'entre nous, mais il y voyait une occasion d'avoir quelque chose que personne d'autre n'avait. Il suivait des cours du soir, partait tous les ans en vacances en France, écoutait des disques français et lisait des romans français. En peu de temps, il se mit à parler couramment le français. Il avait également prédit, avec justesse, que nous nous installerions en Europe, et sa connaissance du français devint effectivement un atout fort appréciable. Avoir des compétences que les autres n'ont pas vous donne un avantage – et c'est cet avantage que vous recherchez. Steve appliqua cette tactique avec les langues – les utilisant pour se créer une niche –, mais vous pouvez utiliser votre savoir-faire, vos talents, votre expertise, vos aptitudes ou votre flair.

D'abord, vous devez examiner vos talents ; cela fait partie de la Règle 3.7 : *Connaissez vos forces et faiblesses*, et choisir les domaines où avoir une connaissance spécialisée pourrait être utile. Peut-être êtes-vous un as de l'informatique ou de toute autre technologie ? Peut-être êtes-vous très créatif et connaissez-vous beaucoup de choses que les autres ignorent ? Une de mes amies connaissait parfaitement le métier de l'imprimerie. Lorsque des travaux d'impression étaient nécessaires, les patrons allaient toujours la voir ; cela lui donnait un avantage sur les autres.

Quid des finances ? Pouvez-vous expliquer aux autres les pages économiques du journal ? Comprenez-vous réellement comment on établit un budget ? Comment on installe un logiciel ? Avez-vous des compétences en matière de contrats ? Et les affaires de personnel ? le droit du travail ? la santé et la sécurité ? les coutumes et pratiques commerciales applicables à l'étranger ? les conversions de devises ? le langage corporel ? les *team buildings* ? Savez-vous présider une réunion ? Allez, vous pouvez chercher aussi, je ne vais quand même pas vous donner toutes mes meilleures idées !

Quelles que soient les compétences que vous choisissiez de mettre en avant, assurez-vous qu'elles soient :

- pertinentes ;
- d'actualité ;
- utiles.

De cette manière, les autres viendront vous voir lorsqu'ils auront besoin de vos services. Si vous savez quelque chose qu'ils ignorent, vous quittez le statut de simple employé pour celui de consultant. Bien entendu, c'est encore mieux si votre patron a précisément besoin de votre savoir !

J'ai travaillé avec un homme qui connaissait la vie nocturne locale – restaurants, boîtes de nuit, théâtres – mieux que quiconque. Cela pouvait sembler futile au premier abord, mais lorsque nous avons commencé à discuter avec de nombreux clients qui étaient de passage chez nous et devaient passer la nuit en ville, il s'était fait une signature. Devinez à qui on avait recours pour les sortir le soir et qui faisait la tournée des grands-ducs? Gagné. Et, bien sûr, grâce à cette particularité, une fois qu'il fut parvenu à un certain niveau de familiarité avec les patrons, il devint rapidement l'un d'eux.

Règle 1.7

Soyez engagé à 100 %

Être un « adepte des Règles » signifie que vous allez devoir travailler beaucoup plus dur que tous vos collègues. Ils peuvent se la couler douce, pas vous. Ils peuvent se permettre de se détendre, de se reposer, pas vous. Pour progresser, vous devez être engagé à 100 %. Vous ne pouvez pas vous permettre de perdre de vue, ne serait-ce qu'une seconde, votre objectif à long terme. Pour vous, pas de congés, pas de pause, pas de temps pour flemmarder, pas de cafouillages, pas d'erreurs, pas d'écarts accidentels par rapport au scénario.

Vous devez vous comporter en *maître du crime*. Un maître du crime mène une vie incroyablement respectueuse des lois, parce qu'il ne peut pas prendre le risque de violer la loi au cas où cela attirerait l'attention sur lui et sur ce qu'il a commis de criminel. Vous devez également faire attention à ce que vous dites et à ce que vous faites.

Si ce que j'écris vous semble excessif, alors arrêtez tout de suite de lire mon livre. Je ne veux que des membres motivés dans mon équipe. Vous devrez vous montrer vigilant, sérieux, attentif, enthousiaste, prêt, préparé, prudent, alerte et à la hauteur. Lourde tâche.

Cela en vaut-il la peine? Bien sûr! Au royaume des aveugles, vous serez le seul à avoir les deux yeux ouverts et à voir. Vous serez puissant et plus important ; vous vous amuserez. Il n'y a pas mieux pour prendre son pied que de regarder le jeu qui se déroule autour de soi, tout en y restant complètement étranger, entièrement objectif et suprêmement indifférent.

Vous vous apercevrez que vous n'aurez pas besoin d'en faire beaucoup une fois que vous commencerez à observer la situation avec recul. Vous pourrez faire changer les gens de direction d'un petit coup de coude plutôt qu'en les poussant un bon coup. Vos relations deviendront incroyablement fluides, agréables et sans heurts.

Mais vous devez réellement être engagé à 100 %. Sinon, vous échouerez et courrez le risque d'avoir l'air bête plutôt que détendu et maître de la situation. Mais, en étant totalement engagé, vous n'aurez plus besoin de prendre aucune décision. Vous connaîtrez parfaitement votre chemin et, dans toutes les circonstances, vous aurez seulement à vous demander : « Est-ce que ceci sert mon jeu ou non ? » – et alors la réponse est toute prête. Facile.

VOUS DEVREZ VOUS MONTRER VIGILANT, SÉRIEUX, ATTENTIF, ENTHOUSIASTE, PRÉPARÉ, PRÊT, PRUDENT, ALERTE ET À LA HAUTEUR

Règle 1.8

APPRÉCIEZ CE QUE VOUS FAITES

Si vous ne vous amusez pas, alors, que faites-vous ? Si votre travail ne comporte aucune part de divertissement, alors cela ne sert vraiment à rien de le faire ; vous pourriez probablement vous en sortir avec des indemnités de chômage. Je pense que beaucoup de gens aiment vraiment travailler mais ont peur de l'avouer de peur d'être accusés d'être des bourreaux de travail ou de tristes sires.

Il n'y a aucune honte à dire que vous aimez votre travail. Les gens semblent tirer une certaine satisfaction à être malheureux au travail et à se lamenter sur leur sort. Il existe, au bureau, une sorte de compétition : c'est à qui se plaindra le plus de détester son travail.

Ce comportement n'est pas pour vous. L'« adepte des Règles » aime le travail et s'assure que cela se sache. Une fois que vous aurez reconnu qu'il est amusant de travailler – et que c'est même encore plus amusant pour vous que pour les autres –, vous constaterez que votre pas s'allège, que votre niveau de stress diminue et que votre comportement entier devient plus fluide. En reconnaissant qu'il est amusant de travailler, vous connaissez une partie du secret détenu seulement par les gens qui réussissent vraiment. Il est amusant de travailler : gravez cela dans votre cœur !

Passer du bon temps au travail et réaliser que le travail est une valeur ne veulent pas dire la même chose. Voir le travail comme une valeur signifie que vous êtes fier de ce que vous faites, que vous appréciez le défi, que vous attendez impatiemment chaque journée, avec optimisme et enthousiasme. Passer du bon temps au travail signifie ne pas faire grand-chose, parler beaucoup, faire marcher ses collègues et boire du champagne tout l'après-midi. Vous conviendrez qu'il existe une différence, j'en suis certain. Passer du bon temps au travail est fugace. Cela dure tant que le divertissement dure, mais cela retombe rapidement une fois que l'excitation a disparu.

Le travail vu comme une valeur signifie que vous l'appréciez dans sa globalité – négociation, embauche et licenciement, défis quotidiens, stress et déceptions, futur incertain, mises à l'épreuve, apprentissage. Un nombre incroyable de gens décèdent au cours de l'année qui suit leur départ à la retraite, ce qui laisse penser que le travail joue un rôle plus important dans notre vie que nous le pensons.

Si vous ne parvenez pas à apprécier tout cela et à vous rendre compte que travailler est agréable, alors vous êtes voué à faire partie des râleurs, des victimes de la vie.

IL N'Y A AUCUNE HONTE À DIRE QUE VOUS AIMEZ VOTRE TRAVAIL

Règle 1.9

ADOPTEZ LA BONNE ATTITUDE

Au travail, beaucoup de gens coupent le monde en deux : « nous » et « eux ». Ils aiment se mettre du côté des « travailleurs » et critiquent la « direction ». Vous, en revanche, ferez preuve de la bonne attitude et ne deviendrez pas l'un de ceux qui ont la mentalité « nous les travailleurs ». Peu importe la position que vous occupez aujourd'hui, vous êtes le futur chef de service, le président du conseil en germe, le directeur général naissant. Vous devez commencer à voir les choses sous les deux angles et à identifier la position de la direction. Vous pouvez ne pas l'exprimer et même prendre le parti de vos camarades de travail et collègues. Mais, au plus profond de votre esprit, vous comprenez aussi la direction. Vos collègues peuvent critiquer sa politique, vous devez analyser celle-ci et essayer de la voir de son point de vue. Vous pourrez être tenté de revêtir le camouflage du travailleur qui râle, pour vous intégrer et vous fondre dans la masse – c'est une mauvaise idée. Acquiescez mais ne râlez pas.

La bonne attitude est double :

- premièrement, vous prenez le parti de la direction et examinez les décisions de principe de son point de vue ;

• deuxièmement, vous vous consacrez à devenir un « adepte des Règles » totalement et de manière engagée ; vous cherchez à devenir le Numéro Un.

Avoir la bonne attitude signifie faire de son mieux, pas seulement aujourd'hui mais tous les jours, pas seulement lorsque c'est facile, mais aussi lorsque c'est affreusement difficile.

Avoir la bonne attitude, c'est donner un peu plus, faire un effort supplémentaire même lorsque vous êtes fatigué, que vous en avez ras le bol et que vous êtes prêt à abandonner. Les autres peuvent abandonner, pas vous : vous êtes un « adepte des Règles ».

La bonne attitude consiste à garder la tête haute, à ne jamais râler, à se montrer toujours positif et optimiste, à chercher constamment à prendre l'avantage et à l'emporter.

La bonne attitude consiste à développer des normes et à s'y tenir. Soyez sûr de vos objectifs et sachez quand prendre position. La bonne attitude consiste à avoir conscience de l'énorme pouvoir que vous avez et à exercer ce pouvoir avec bonté, retenue, humanité et considération. Vous ne rabaisserez personne, ne vous montrerez pas impitoyable ou manipulateur. Oui, il se peut que vous profitiez de la torpeur des autres, de leur apathie ou de leur mauvaise attitude – c'est leur problème. Mais vous adopterez une position moralement plus élevée et vous montrerez irréprochable. La bonne attitude consiste à être bon tout en étant rapide, aimable tout en étant observateur, prévenant tout en étant couronné de succès.

Règle 1.10

NE MONTREZ PAS COMBIEN VOUS TRAVAILLEZ DUR

Prenez quelqu'un comme le milliardaire Richard Branson. On le voit toujours en train de jouer, faire voler des ballons, vivre sur une péniche, s'envoler pour les États-Unis. Vous ne le voyez jamais assis à un bureau, en train de répondre au téléphone ou de lire ses dossiers. Et pourtant c'est exactement ce qu'il doit faire à un moment donné, dans sa journée de travail. Seulement, nous ne sommes pas invités à le voir. Du coup, nous l'imaginons comme un play-boy des affaires, un entrepreneur insouciant, un amuseur diabolique. C'est une image flatteuse et qui semble très bien lui convenir.

Voilà le genre d'image que vous devez cultiver – courtoise, facile, détendue, responsable et très fraîche. Vous ne devez jamais courir, jamais paniquer, jamais même sembler vous dépêcher. Oui, il se peut que vous restiez debout tous les jours jusqu'à l'aurore, mais vous ne devez jamais l'admettre. Oui, il se peut que vous travailliez pendant vos vacances, vos week-ends et vos jours de congés, mais vous n'irez jamais le raconter, vous ne vous plaindrez jamais de travailler dur ou de passer tout votre temps libre sur vos dossiers. Pour les observateurs externes, vous vous la coulez douce, vous ne vous en faites pas, vous ne vous laissez pas démonter.

Évidemment, pour être capable de cela, vous devez exceller dans votre travail. À défaut, vous vous casserez la figure en essayant d'appliquer cette règle pour voir. Alors, que devez-vous faire si vous n'excellez pas dans votre travail ? Je le répète : vous devez travailler très tard dans la nuit à devenir bon. Apprenez, étudiez, acquérez de l'expérience et du savoir, lisez, posez des questions, révisez, potassez et bachotez jusqu'à ce que vous connaissiez votre travail sous toutes ses coutures. Commencez par cela ; vous pourrez ensuite afficher un air calme et très détendu.

Quelques sous-règles sont comprises dans cette règle :

• ne demandez jamais un report de délai ;

• ne demandez jamais d'aide : n'admettez jamais que vous nagez. Vous pouvez demander des conseils, des avis, des informations, des opinions, mais jamais de l'aide ;

• ne vous plaignez jamais de la quantité de travail que vous avez ;

• apprenez à faire preuve d'assurance afin de ne pas vous laisser surcharger de travail ;

• ne montrez à personne qu'il vous arrive d'avoir des sueurs froides ;

• recherchez toujours des moyens d'alléger votre charge de travail – sans vous faire remarquer, bien sûr – et d'accélérer les choses.

RÈGLE 2

SACHEZ QU'ON VOUS JUGE EN PERMANENCE

Tout ce que nous faisons en dit long aux autres sur ce que nous sommes. La manière dont nous nous habillons, la voiture que nous conduisons, l'endroit où nous partons en vacances, la manière dont nous parlons et marchons, ce que nous mangeons au déjeuner ; tout en nous est sujet au jugement des autres.

La Règle 2 a pour objet de vous assurer que ce jugement est positif et favorise votre carrière. Si vous n'y avez jamais réfléchi avant, cette règle vous aidera à décrypter les signaux que vous émettez et à les améliorer pour que les autres y prêtent attention. Vous ne pouvez pas empêcher les autres de vous juger mais vous pouvez changer leur jugement et l'influencer de manière consciente. Cette règle vous apprend à faire preuve de style et de confiance en soi et à vous montrer astucieux, soigné et policé.

Règle 2.1

HABILLEZ-VOUS CORRECTEMENT

Il est inexcusable d'être mal habillé ou habillé de manière décontractée, démodée, bon marché ou négligée.

Cette règle est capitale ; vous devez vous y conformer strictement. Il n'y a pas de congés qui vaillent, pas d'alibis, pas de mots d'excuse de votre mère. La manière dont vous vous habillez est la chose qu'on remarque le plus chez vous. Si vous relâchez votre surveillance, ne serait-ce qu'un instant, on s'en souviendra. En revanche, ne pas appliquer cette règle vous demandera beaucoup moins de travail car vous n'aurez pas de promotion, vous n'aurez ni succès, ni pouvoir, alors qu'une fois que vous commencez à bien vous habiller vous ne pouvez vous accorder la moindre seconde de répit.

Que veut dire bien s'habiller ? Bien, tout simplement. Pour un homme, cela pourra signifier porter un costume, une chemise, une cravate et des chaussures en cuir cirées ; pour une femme, porter un tailleur strict et élégant, des bas chics, des escarpins. En revanche, si le code vestimentaire applicable dans votre société est une tenue décontractée en permanence, voir la Règle 6.3, adoptez-le, mais l'interdiction de s'habiller avec mauvais goût et bon marché continue de s'appliquer.

Pour le cas où vous auriez quelques hésitations, voici une liste simple d'interdictions :

• pas de chaussures de sport ;

• pas de jeans ;

• pas de chemises hawaïennes ou fantaisie ;

• pas de fermetures en Velcro, pas de tissus synthétiques ou bon marché ;

• pas d'articles dernier cri ou branchés.

Je voyais, à un moment, un jeune homme arriver au bureau. Il était compétent, expérimenté, intelligent. C'était un bon communicateur, sérieux, digne de confiance, honnête, appliqué et il présentait bien mais il n'obtenait pas de promotion. Pourquoi ? Parce qu'il ignorait la Règle 2.1. Pourtant, il s'habillait suffisamment bien mais tout était gâché par son arrivée au bureau. Il se déplaçait à moto. Rien de mal à cela ; il faisait des économies et n'était pas coincé dans les embouteillages, ce qui est tout à fait louable. Mais cela bloquait sa carrière. Lorsqu'il traversait le bureau tous les matins, il tenait son casque à la main et portait une tenue de moto une pièce, orange vif. Une fois encore, c'était louable. Sa tenue lui assurait d'être vu même les matins où il y avait du brouillard, elle était résistante et le protégeait en cas d'accident. Mais elle attirait aussi de manière négative l'attention sur lui ; cela le classait parmi les « jeunes ». Les managers intermédiaires ne conduisent pas de moto. Les dirigeants seniors ont depuis longtemps renoncé à leur désir de Honda. Et donc ce jeune homme ne serait pas promu tant qu'il ressemblerait à un motard. Une fois que je parvins à lui faire retirer sa tenue orange avant d'entrer dans le bureau et à laisser son casque à la réception, il décolla et son ascension fut fulgurante. Il n'était pas nécessaire qu'il renonce à la moto, mais simplement qu'il cesse d'afficher le fait qu'il était encore assez jeune pour en faire.

Règle 2.2

Cultivez votre sourire

Comment faire savoir aux autres que vous savez garder votre sang-froid ? Facile : souriez. Souriez en toutes circonstances. Souriez lorsque vous saluez vos collègues le matin. Souriez lorsque vous serrez des mains. Souriez lorsque cela devient dur. Souriez quand c'est l'enfer. Souriez en toutes circonstances.

Quelle sorte de sourire devez-vous afficher ? Il doit être avenant, véritable – assurez-vous qu'il s'étende à vos yeux – sincère, franc, honnête, ouvert et joyeux. Et la manière la plus facile de vous assurer que votre sourire comprend toutes ces choses, c'est de croire à tout cela. Si votre sourire n'est pas sincère, vous serez immédiatement repéré. Votre sourire doit être véritable pour paraître véritable. Vous devez vous sentir heureux. Vous devez prendre plaisir à sourire ou votre sourire manquera de sincérité et aura l'air faux. Et si vous n'y prenez pas plaisir, alors arrêtez d'afficher un sourire forcé et allez faire un tour !

Nous supposerons que votre sourire est réel et qu'il provient de sentiments de joie et de gentillesse sincères. Maintenant, vous devez améliorer votre sourire, le travailler, le faire mieux.

Regardez-vous dans un miroir et souriez. Il y a de grandes chances que votre sourire ait l'air tout faux. Ce sera le cas, évidemment. Vous pouvez uniquement vous voir de face. Les photos ne conviennent pas non plus, parce qu'elles sont en deux dimensions et que beaucoup de choses n'apparaissent pas lorsque vous les regardez. Vous devez voir votre sourire sous tous les angles, en trois dimensions, et il n'y a qu'un seul moyen pour cela : le film (vidéo ou autre).

Si vous n'osez pas demander à votre partenaire ou à un ami de vous filmer pour vous permettre d'améliorer votre sourire, alors vous devrez vous débrouiller tout seul. Ne commettez pas, s'il vous plaît, l'erreur que j'ai faite. À l'époque où j'étais directeur financier, on m'avait demandé de remplacer l'un de nos directeurs de supermarché pendant un après-midi. Le magasin était vide et j'ai passé un après-midi des plus plaisants à m'entraîner à marcher, sourire, travailler mon apparence générale, grâce aux caméras de surveillance du magasin. Je modifiais légèrement ce que je n'aimais pas et allais voir le résultat dans les bureaux. J'ai passé un excellent moment. Quelques semaines plus tard, je fus invité à voir une projection spéciale pour l'ensemble du personnel. J'avais oublié d'effacer la bande, et le directeur de magasin l'avait trouvée et avait organisé une représentation pour le personnel au complet. J'ai dû assister à la séance entière pendant que mes joyeux camarades faisaient des commentaires et signalaient où je me trompais. Très drôle, vraiment très amusant !

Donc pour améliorer votre sourire, vous devez vous assurez que vous ne souriez pas de travers, que vos dents sont visibles mais pas trop, que vous avez l'air heureux et honnête. Continuez de vous entraîner jusqu'à ce qu'il soit au point.

Règle 2.3

Pas de main flasque : mettez au point la parfaite poignée de main

Nous serrons souvent des mains et, en général, nous le faisons automatiquement. Combien de mains serrez-vous au cours d'une semaine de travail normale ? Et quelle attention y prêtez-vous ? Cette brève poignée de main est pourtant porteuse de tant de signaux que vous devez vous attacher à la rendre confiante, pleine d'assurance et réellement rassurante. Lorsque les gens vous serrent la main, ils doivent en retirer une impression de force, de confiance, de pouvoir ; ils doivent avoir le sentiment qu'ils ont serré la main de quelqu'un qui est parfaitement maître de lui : vous, bien sûr. Si vous avez le moindre doute sur votre poignée de main, demandez à un ami de vous dire ce qu'il en pense.

Comment améliorer votre poignée de main ? Donnez-lui de la fermeté. Vous pouvez toujours vous servir de vos deux mains pour saisir celle de votre interlocuteur. Mais n'exagérez pas en leur écrasant les doigts.

Vous pouvez toujours adapter votre poignée de main pour la rendre plus personnelle, mémorable. Mon grand-père disposait d'une merveilleuse poignée de main, il se servait juste de ses deux premiers doigts (le majeur et l'index) et du pouce et serrait avec beaucoup de fermeté. On avait l'impression de serrer la main d'un membre de la famille royale.

Les poignées de main sont des choses très formelles et vieux jeu. Ne tapez pas avec votre main dans celle des autres, oubliez les tics maçonniques et toute autre salutation style gang. Tenez-vous-en à la bonne vieille poignée de main et vous passerez pour une personne sûre d'elle et digne de foi.

Les personnes qui ont une bonne poignée de main tendent leur main en premier et serrent bien. Ils rayonnent de confiance en eux en annonçant leur nom et en tendant la main, faisant preuve de finesse, de gentillesse, d'une approche détendue et confiante et montrant un air général d'assurance. Ils vous regardent également dans les yeux et vous appellent par votre nom.

Lorsque vous vous présentez, le premier mot à dire est « Bonjour ». Voilà. Vous pouvez préférer être moderne et amical et dire « Salut »; à vous de voir. Mais un « adepte des Règles » dit « Bonjour » et donne ensuite son nom. L'énoncé du nom est également formel. Ne dites *jamais* « Salut, moi c'est Dave, du marketing ». L'effet produit est certainement aimable et sympathique, mais vous n'aurez impressionné personne, n'en aurez tiré aucun bénéfice ou avantage, et vous vous serez rabaissé à peu près au niveau de la personne la plus junior de l'assemblée. Dites « Bonjour, David Simpson, directeur marketing ». Cela vous distingue immédiatement du reste de la bande et vous place dans une position de supériorité. Faites suivre cette annonce d'une poignée de main ferme, confiante et ils feront tout ce que vous leur direz.

Règle 2.4

Respirez la confiance en vous et l'énergie

J'ai dû un jour faire une conférence sur la gestion du stress auprès d'un groupe important de femmes d'affaires. En m'avançant pour commencer ma présentation, je remarquai qu'il n'y avait pas de lutrin pour poser les notes (en réalité, je n'avais pas de notes), pas d'endroit où se tenir debout. Il y avait juste un bureau avec une chaise derrière. Si je m'asseyais là, j'étais sûr qu'au-delà du premier rang personne ne m'aurait vu et cela aurait paru guindé et formel. J'aurais pu me tenir là, debout, les bras dans le dos. J'aurais pu me tenir là, debout, les mains le long du corps ou jointes devant moi à la manière d'un écolier gêné. Mais il s'agissait de parler de stress et de sa gestion. Je devais avoir l'air détendu, calme, comme si j'étais en train de pratiquer ce que je professais, d'appliquer mes propos.

Je résolus le problème en m'asseyant sur le bord du bureau. Je pouvais balancer mes jambes, me pencher en arrière, me pencher en avant, presque m'allonger si je le souhaitais. Plusieurs années plus tard, je rencontrai une femme qui avait assisté à ma conférence ; elle m'avoua ne pas se souvenir de ce que j'avais dit, mais avoir été impressionnée par mon apparence détendue – ainsi que par la manière dont j'avais sauté debout après avoir fini de parler et étais parti faire des photos avec le journaliste local. Je ne me souviens pas de cette partie de la conférence, mais elle me répéta que j'avais l'air confiant, détendu, mais également plein d'énergie.

Voilà ce que nous visons. Première chose le matin, lorsque vous traversez le bureau, vous devez avoir du ressort dans vos pas. Laissez les autres arriver en rampant, l'air d'avoir la gueule de bois, de tomber du lit ou d'être épuisé par le long trajet qu'ils viennent d'accomplir. Vous arriverez frais et énergique, prêt pour votre journée de travail, journée qui sera pour vous un jeu d'enfant. Marchez vite plutôt que lentement – la rapidité signifie que vous êtes enthousiaste, énergique, éveillé, vif, et prêt à relever les défis que la journée mettra en travers de votre chemin.

Ne marchez pas trop vite cependant pour ne pas donner l'impression d'être pressé. Vous devez maîtriser la situation tout en douceur et non avoir l'air bousculé, paresseux, intimidé ou battu d'avance. Vous devez être vu comme quelqu'un d'intelligent, frais et dispos, vivant et enthousiaste.

PREMIÈRE CHOSE LE MATIN, LORSQUE VOUS TRAVERSEZ LE BUREAU, VOUS DEVEZ AVOIR DU RESSORT DANS VOS PAS

Règle 2.5

DÉVELOPPEZ UN STYLE QUI VOUS FERA REMARQUER

Le style est indéfinissable, vous allez devoir faire preuve de goût, de raffinement, de sophistication, d'élégance, de culture, de raffinement et de beaucoup de discernement. Vous allez développer un style qui fera ressortir toutes ces qualités. Vous teindre les cheveux en rouge et porter de vieilles nippes provenant de ventes de charité constitue un style qui vous fera remarquer, mais ce n'est pas celui qui convient à un « adepte des Règles ». Pensez Cary Grant plutôt que Boy George. Pensez Lauren Bacall plutôt que Madonna. Tous ont du style, tous attirent l'attention. Mais faites-moi confiance : celui de Cary Grant ou de Lauren Bacall convient parfaitement à un « adepte des Règles ». Différentes options s'offrent à vous si vous souhaitez adopter un style classique, intemporel et de qualité.

• Choisissez un élément et faites-vous connaître pour cela. Par exemple, portez toujours du noir, ou des vestes croisées, ou des vêtements Armani, ou possédez une collection de sacs à main/cartables élégants. Élaborez votre style avec des vêtements de marque et tenez-vous-y.

• Achetez toujours uniquement ce que vous pouvez vous offrir de mieux.

• Ne portez jamais rien de moulant ; les habits amples sont signe de qualité et d'élégance, les vêtements moulants de pauvreté et de bas prix.

• Le moins est un plus : limitez les bijoux et n'achetez/ne portez que ce qu'il y a de mieux et de plus beau. Ce n'est pas cher ? Alors ne le portez pas. Vous constaterez que le simple fait de vous limiter aux articles les plus chers vous aidera à éliminer les articles d'un goût discutable ou douteux ; le fait de payer cher vous rendra beaucoup plus critique.

• Si vous vous maquillez, adoptez un maquillage qui vous va bien et vous met en beauté. Ne changez pas de maquillage en fonction des saisons ou de ce qui est à la mode. Soyez connu pour votre look, soyez reconnaissable immédiatement, ayez du style.

• Soyez toujours sur votre trente-et-un plutôt qu'habillé de manière décontractée.

• Assurez-vous que tous vos accessoires sont adaptés à votre garde-robe. Ils doivent être de style, chers, amples, reconnaissables, de goût. Cela n'a aucun sens de porter un costume bien coupé et de traîner partout un vieux cartable défoncé, à moins, bien sûr, que ce cartable soit votre signature. Dans ce cas, il doit être très vieux, vraiment défoncé et très cher.

PENSEZ CARY GRANT, PLUTÔT QUE BOY GEORGE.
PENSEZ LAUREN BACALL, PLUTÔT QUE MADONNA

Règle 2.6

Prenez soin de votre apparence

Tous les matins sans exception, vous devez vérifier que votre apparence est soignée. Les détails comptent réellement. Il suffit de négliger un détail pour que cela se remarque, ce détail entraînant promotion ou stagnation. Soignez chaque jour votre apparence aussi consciencieusement que si vous passiez un entretien.

- Vos chaussures brillent et sont en bon état.

- Vos habits sont repassés, propres, neufs, en bon état ; pas de bouton manquant, de déchirure, d'accroc.

- Vous venez de prendre une douche, vous avez mis du déodorant.

- Vos cheveux sont lavés, ils sont coupés et coiffés soigneusement.

- Si vous êtes un homme, vous êtes rasé. Si vous portez une barbe/moustache, vérifiez l'absence de poils rebelles, ébouriffés, de miettes de repas.

- Si vous êtes une femme, vous êtes maquillée (le maquillage doit être discret et vous mettre en valeur).

• Vos dents sont propres, bien entretenues, votre haleine est fraîche.

• Vos ongles sont propres, vos mains récemment manucurées.

• Vos mains sont propres et vous n'avez pas de saletés incrustées après avoir réparé une vieille voiture, bricolé ou jardiné. Portez des gants de chirurgie fins pour toutes vos activités salissantes.

• Si vous fumez/buvez beaucoup de café, assurez-vous que vos dents (vos doigts pour les fumeurs) ne sont pas tachées et sucez des bonbons à la menthe ou mâchez des chewing-gums pour éviter d'avoir une haleine de renard.

• Les poils du nez (et des oreilles) sont coupés/épilés.

• Si vous portez des lunettes, assurez-vous qu'elles sont adaptées à la forme de votre visage, renouvelez-les tous les ans pour être certain de voir correctement et pour qu'elles soient toujours en bon état. Les verres fendus ou les réparations avec du sparadrap sont proscrits.

Il ne s'agit pas que vous deveniez nombriliste ni que vous passiez votre temps à vous regarder dans le miroir. Une fois que vous avez la bonne apparence, détendez-vous. J'ai travaillé avec une femme qui allait se laver les dents après chaque café ou gâteau avalé. Ce n'était pas un problème en soi mais cela attirait l'attention sur elle. Ses collègues trouvaient son comportement bizarre et obsessionnel. Son erreur n'était pas de se laver les dents aussi fréquemment, mais de manquer de discrétion en le faisant.

Soignez chaque jour votre apparence aussi consciencieusement que si vous passiez un entretien

Règle 2.7
Soyez séduisant

Il ne fait aucun doute, et les statistiques l'attestent, que les gens beaux réussissent mieux que ceux qui n'ont pas cette chance. Les gens beaux n'ont pas besoin de travailler aussi dur pour réussir. Mais qu'est-ce qui fait qu'une personne séduisante est belle ? Examinez quelqu'un que vous trouvez séduisant, vous aurez beaucoup de mal à voir pourquoi son apparence vous plaît. La séduction est très difficile à définir. Prenez des stars d'Hollywood, comme Liza Minelli, Woody Allen, Julie Roberts, Sean Penn, dont la beauté n'est pas classique. Ils possèdent indiscutablement du charisme, du charme, du magnétisme et paraissent naturels. Cela saute aux yeux. Ils ont de la vie, de la présence, une intensité, de la puissance et de la personnalité.

Vous aussi devez faire preuve de ces qualités. De toute façon, elles sont plus faciles à acquérir que la beauté. Être séduisant fait partie intégrante de la Règle 2. Si vous vous habillez bien, soignez votre apparence, cultivez votre sourire, présentez bien et avez l'air détendu à tout moment, donnez l'impression d'être sympathique, chaleureux, de savoir vous exprimer et d'être humain, vous donnerez également l'impression d'être séduisant et beau. La beauté est toute dans le sourire et dans les yeux. Il y a des sourires qui irradient, magnétiques et puissants. Des yeux pétillants et pleins de vie suffisent à nous faire penser que l'ensemble du visage est beau.

La séduction est aussi affaire de posture et de position. Si vous vous tenez voûté, vous dégagez une aura de tristesse et de dépression ; c'est peu attrayant.

Votre démarche doit être droite, fière, assurée. Votre poignée de main doit être ferme. Pour être séduisant, vous devez paraître ouvert, heureux et confiant. Pour être séduisant, votre apparence doit être impeccable, votre garde-robe superbe, votre style original mais sophistiqué, votre comportement magnifique et exceptionnel.

Vous ne pouvez pas :

- vous tenir avachi ;
- avoir le dos rond ;
- être débraillé.

Vous devez :

- arranger tout ce qui peut être arrangé et est considéré peu attrayant – verrues, mauvaise haleine, vilaines dents, mauvaise vue (pour l'amour de Dieu, cessez de plisser des yeux et achetez-vous une bonne paire de lunettes !).

Règle 2.8

Soyez posé

Vous ne portez pas de nez rouge à mardi gras. Vous ne vous déguisez pas le jour de l'arbre de Noël de la société. Votre style est toujours impeccable, quelles que soient les circonstances. Vous vous tenez à l'écart de toutes ces idioties de bureau. Est-ce que cela vous fera la réputation de quelqu'un de distant ? d'arrogant ? de suffisant ? Qu'est-ce que cela peut faire ? Votre distance fera de vous quelqu'un de posé et c'est tout ce qui compte. Gardez votre nez rouge pour le week-end, quand vous êtes à l'abri du regard de vos directeurs et collègues. Soyez raffiné et sophistiqué à tout moment.

Regardons les choses en face : vous êtes là pour faire votre travail. C'est pour cela qu'on vous paie. Vous n'êtes pas là pour vous ridiculiser. Tant que vous faites le travail – et le faites bien –, la manière dont vous vous y prenez ne tient qu'à vous. Vous pouvez choisir de vous impliquer dans tous les aspects sociaux de la vie de bureau ou vous tenir un peu en retrait. Cela vous éloignera de vos collègues et vous permettra par conséquent de devenir plus facilement leur responsable.

Je ne dis pas que vous ne pouvez pas rire et plaisanter avec vos collègues, mais ne vous montrez pas amical ou proche au point de ne pouvoir être au-dessus d'eux. Si vous devez bientôt devenir leur patron, il est payant de garder un petit peu de distance. Et vous y parviendrez en restant posé.

Si vous ne savez pas ce que le mot « cool » signifie, essayez de taper « cool » sur votre traitement de texte, puis servez-vous de l'option thesaurus pour trouver des antonymes. Vous obtiendrez les mots *chaud, excité, ringard*. Pour *chaud*, pensez à des mains moites, c'est-à-dire le contraire de fraîches. Pour *excité*, pensez à un petit garçon le jour de Noël, il est mignon mais il n'est pas calme. Pour *démodé*, pensez à un gros cardigan, il est chaud mais il n'est pas cool.

Vous voulez donc être :

- pas chaud – pensez à *pas moite*;
- pas excité – pensez à *pas paniqué*;
- pas ringard – cela ne veut pas dire que vous devez être à la mode, mais que vous devez avoir une élégance intemporelle.

Les dirigeants posés sont détendus et responsables. En cas de crise, ils ne courent pas partout en criant, mais mettent en œuvre les procédures de sécurité et gèrent la situation calmement et en douceur. Ils sont posés. Ils gardent leur sang-froid et leur contenance. Et invariablement, les autres se tournent vers eux lors des situations difficiles. Vous ne voulez pas quelqu'un qui panique, vous voulez quelqu'un de posé, calme, serein.

Soyez raffiné et sophistiqué à tout moment

Règle 2.9

PARLEZ CORRECTEMENT

Qu'entend-on par « parler correctement » ? Suis-je en train de vous suggérer de prendre un accent snob dès que vous ouvrez la bouche ? Bien sûr que non. Vous pouvez conserver votre accent régional ; ce n'est pas le problème. Examinez un instant *pourquoi* nous parlons – pour communiquer, pour transmettre de l'information – plutôt que *comment* nous parlons. Bien parler signifie communiquer des informations clairement et efficacement. *La manière* dont vous parlez n'a pas d'importance, mais il importe que vous parliez clairement. Vous devez éviter :

- de marmonner : pour des raisons évidentes, les autres ne peuvent pas vous entendre ni vous comprendre ;

- de parler trop bas : les autres ne peuvent pas vous entendre ;

- d'employer un jargon : il est inintelligible pour ceux qui n'appartiennent pas à votre service ou à votre domaine d'expertise ;

- tout langage qui vous identifie à un groupe ou à une classe sociale particulière. Par exemple, n'utilisez pas un langage jeune (en essayant d'utiliser le dernier argot ou la dernière rengaine tendance) ou extrême politiquement (radical, politiquement correct ayant sombré dans l'excès, écologiste, végétarien ou obsessionnel de l'environnement) ou appartenant trop manifestement à une classe sociale (trop snob, trop populaire, trop régional).

Vous ne devez pas non plus faire des fautes de syntaxe. Achetez-vous une grammaire et apprenez-la par cœur. Évitez les tics verbaux comme « tu vois, quoi » ou « genre ». Achevez toujours vos phrases.

Voici quatre mots clés à savoir pour vous permettre de bien parler. Ce que vous dites, doit être :

- intelligent ;
- clair ;
- plaisant ;
- simple.

Voilà tout ce que vous devez savoir. Si vous utilisez ces quatre mots, vous ne pourrez pas vous tromper, les gens se souviendront de ce que vous dites et seront impressionnés par votre manière de parler claire, intelligente. Bien parler produit un impact. Si vous êtes affalé et que vous marmonniez votre nom, les gens supposeront que vous manquez de confiance en vous, que vous êtes mal à l'aise ; et par conséquent ils vous oublieront rapidement. Si vous entrez d'un pas confiant et vous présentez clairement et d'un ton confiant, les gens supposeront que vous savez où vous allez, qui vous êtes et ce que vous voulez ; par conséquent, ils se souviendront de vous. Parlez simplement : dites de manière directe ce que vous voulez dire et rien de plus.

Règle 2.10

Écrivez correctement

Nous écrivons pour deux raisons : pour que d'autres nous lisent et pour nous lire nous-même. La manière dont vous écrivez pour vous-même est sans importance. Vous pouvez gribouiller en abrégé de manière illisible ou écrire comme un gamin de 5 ans. Cela n'a pas d'importance tant que personne ne le voit. Mais la manière dont vous écrivez pour être lu par d'autres est de la plus grande importance. On vous jugera sur :

- ce que vous écrivez ;
- l'apparence de votre écriture.

Vous allez me dire que vous n'écrivez rien, que vous tapez tout. Bien. Alors quelle police de caractère choisissez-vous, et pourquoi ? Quel corps, et pourquoi ? Et puis vous devez signer des documents : c'est de l'écriture. Votre signature est tout aussi sujette au jugement que le reste. On m'a dit un jour que j'avais la signature de quelqu'un de très riche. J'étais ravi, c'était complètement faux, mais cela indiquait que j'étais proche de l'image que je voulais donner. Dernière chose : signez toujours en grand : à grande signature, grande personne.

Si vous écrivez beaucoup à la main, votre écriture doit alors être :

• lisible ; elle doit pouvoir être lue par tout le monde ou cela n'a tout simplement pas de sens. En outre, il est impoli de ne pas faire l'effort d'être lisible ;

• soignée ; ne faites pas de ratures ; les lignes doivent être régulières ;

• élégante ; elle doit comporter, par endroits, quelques fioritures ;

• douce à l'œil ; les lettres doivent être rondes et se joindre ;

• homogène ; l'écriture en bas de page doit ressembler à celle du haut de la page.

Faites attention à vos marges et à la pente de votre écriture. Les marges – les signatures ou les écritures quelle qu'en soit la forme – qui penchent vers le bas droit de la feuille indiquent une personne déprimée : les optimistes vont vers le haut.

Assurez-vous de ne pas faire de fautes d'orthographe et que votre grammaire est correcte, sinon renseignez-vous.

Si vous tapez beaucoup, utilisez les polices times new roman ou arial corps 12 et utilisez les italiques, les caractères gras et le soulignement avec parcimonie. Ne mélangez jamais les polices de caractères : cela trahit une personnalité instable et immature, ni les corps, même si vous trouvez cela amusant.

La manière dont vous rédigez est de la plus grande importance

RÈGLE 3

AYEZ UN PROJET

Savez-vous où vous allez ? Si vous ne le savez pas, alors il y a des chances que vous n'alliez nulle part. Les disciples malins des Règles savent exactement où ils vont. Ils ont un plan. Ils ont tracé la route pour aller à l'endroit où ils veulent être, dans six mois, un an, cinq ans. Ils ont préparé leur jeu et savent comment jouer. Vous ferez de même. Les « adeptes des Règles » restent flexibles et adaptent leurs projets en fonction des circonstances : ce ne sont pas des penseurs rigides, mais des penseurs malins et très adaptables.

Règle 3.1

Sachez ce que vous voulez obtenir à long terme

Alors, quelle est votre stratégie pour votre vie ? Vous ne savez pas ? Vous n'y avez jamais réfléchi ? C'est le cas pour la plupart des gens. Et c'est la raison pour laquelle ils échouent. Si vous n'avez pas de projet, il est terriblement facile de ne pas vous y tenir et de finir là où le courant vous emporte, comme un morceau d'épave à la dérive pris par les tourbillons de la vie ; c'est très triste. L'« adepte des Règles », lui, dispose d'un plan, à long terme et à court terme.

Les projets à long terme peuvent être très simples – obtenir un diplôme, progresser, atteindre le sommet, prendre sa retraite, mourir. Ou ils peuvent être sensés et utiles. Si vous avez l'intention de faire carrière, étudier la stratégie de l'industrie que vous avez choisie a du sens. À l'évidence, vous devrez tenir compte des imprévus et de ce « qui-n'est-pas-sous-votre-contrôle », mais si vous devenez un « adepte des Règles » astucieux, vous aurez modifié votre stratégie à long terme bien à l'avance en tenant compte des indicateurs et des avertissements. J'ai entendu quelqu'un dire récemment : « Qui alors aurait prévu des réductions d'effectifs ? » Pour moi, la réponse est simple : une personne avec suffisamment de cervelle pour voir sur quelle route son secteur d'activité avançait aurait anticipé les licenciements.

Étudiez donc l'industrie de votre choix et voyez quels sont les pas nécessaires pour atteindre la position que vous souhaitez. Réfléchissez à ce dont vous avez besoin pour accomplir ces pas. Calculez le nombre de pas qui vous sépare de votre objectif – en général pas plus de quatre environ – junior, intermédiaire, senior, dirigeant. (Si vous n'êtes pas d'accord, surtout ne m'écrivez pas !)

Réfléchissez à ce que vous attendez de chaque étape – gagner de l'expérience, prendre en charge des responsabilités, acquérir de nouveaux savoirs, obtenir une compréhension de la gestion des hommes, ce genre de choses. Vous aurez remarqué que « augmenter mes revenus » ne fait tout simplement pas partie des options – pour un « adepte des Règles », de toute façon, c'était couru d'avance.

Comprenez les tenants et les aboutissants de chaque étape. Cela peut être une mutation dans un autre service, un transfert dans un autre établissement, un travail en partenariat, une invitation à faire partie du conseil d'administration, une mutation dans une autre société... Une fois que vous savez *de quoi* chaque étape est constituée, il n'est pas très difficile de définir ce dont vous avez besoin pour parvenir à l'étape.

Vous devez avoir prévu la fin du jeu, le but final. Il peut être aussi élevé ou extrême que vous le souhaitez : empereur du monde, Premier ministre, président de la société, homme le plus riche du monde, peu importe. C'est un rêve et, de ce fait, il ne connaît aucune limite. Si vous fixez des limites à votre imagination, alors vous obtiendrez moins que ce que vous méritez. « Ah, mais vous dites que nous devons nous montrer réalistes. » Très bien, allez-y : soyez réaliste ; mais un « adepte des Règles » se dirige vers son rêve le plus fou et ne se sent satisfait que lorsqu'il a atteint le sommet.

Règle 3.2

SACHEZ CE QUE VOUS VOULEZ OBTENIR À COURT TERME

Qu'est-ce que du court terme ? Cela ne dépend que de vous. J'ai trois plans à court terme sur le feu ; à un mois, un an, cinq ans. Cela me fournit suffisamment d'informations pour organiser ma charge de travail. Cela me permet aussi de faire cadrer, sur le court terme, des projets qui ont des incidences sur ma famille. Je peux prévoir des vacances, des changements d'école, des projets de maison/jardin, des anniversaires, Noël, etc.

- Votre plan à un mois devrait évidemment lister vos projets de travail en cours – délais, tâches prioritaires, routine de base. En pratique, il s'agit d'un plan pour le travail en cours d'exécution.

- Votre plan à un an devrait comprendre des projets en train d'être formulés, planifiés, présentés ou autres. Il s'agit du travail en train d'être planifié plutôt que réalisé.

- Votre plan à cinq ans devrait être réservé aux idées, rêves, objectifs, souhaits, besoins. Il comprend le travail que vous avez l'intention d'exécuter un jour.

Votre plan à long terme intégrera une trajectoire de carrière. Votre plan à cinq ans comprendra toutes démarches nécessaires pour mettre en œuvre ce plan à long terme.

J'ai tendance à garder près de moi et séparément chacun de ces trois plans à court terme. Je garde mon plan à un mois sur mon bureau : il est composé d'une feuille unique, sur laquelle figurent des cases pour les délais, les appels à retourner, les choses à faire. Je suppose qu'il fonctionne un peu comme un calendrier, mais sans entrées quotidiennes.

Mon plan à un an est accroché au mur. Il ne s'agit ni d'un tableau mural ni d'un planificateur pour l'année, mais d'une simple feuille avec douze cases. Dans chaque case figurent le mois et les informations pertinentes sur ce que je veux faire au cours de ce mois. Il s'agit de ce que *je veux faire* plutôt que de ce que *j'ai à faire.* C'est un plan à court terme et non une liste de choses à faire, un calendrier ou un emploi du temps. Comme je travaille à mon compte, je dois générer de l'activité. Cette activité – qu'elle soit réalisée dans le cadre de mon plan à un mois ou générée dans le cadre de mon plan à un an – est mon gagne-pain. Elle comprend des projets que je veux réaliser et des projets que je dois réaliser. Ceux que *je dois* réaliser sont le pain et ceux que *je veux* réaliser sont le beurre que j'ajoute. Ce livre, dont la conception et la rédaction ont été un vrai plaisir, fait partie de la deuxième catégorie.

Mon plan à cinq ans comprend mes lignes directrices, c'est-à-dire le type de travail que je veux réaliser au cours des cinq prochaines années. Votre plan à court terme indiquera le travail que vous avez à faire, mais il est surtout destiné au travail que vous souhaitez faire. Plus le terme est court, plus il est probable qu'il se lira comme un emploi du temps plutôt que comme une liste de souhaits.

Tout plan doit inclure des démarches pratiques à mettre à exécution pour qu'il se réalise. Autrement ce n'est pas un « plan », mais de vagues idées.

Vous devez, dans chacun de ces plans, laisser de la place pour les imprévus. Si quelqu'un vous téléphone pour vous faire part d'un projet, vous ne pouvez pas lui répondre par la négative au motif que cela ne fait pas partie de votre plan. Vous devez vous montrer flexible.

Règle 3.3

Étudiez le système de promotion

Lorsque vous démarrez une carrière, vous commencez au niveau le plus bas et vous levez les yeux vers votre patron, votre manager, le directeur général, avec révérence et timidité. Un jour, inévitablement, vous vieillirez, acquerrez de l'expérience, vous élèverez à de plus hauts sommets. À moins que vous ne vous mettiez à votre compte. Et, pour la plupart des gens, c'est à peu près tout. Leur carrière se limite à errer vaguement vers le haut, se faisant souvent écarter de leur route, et à s'arrêter à un niveau où ils semblent être à l'aise, se la couler douce, être heureux. Et c'est tout. Fin de la carrière. Fin du jeu. Triste constat. À moins que ce ne soit ce que vous vouliez vraiment. Mais si vous êtes un « adepte des Règles » sérieux, j'en doute.

Un « adepte des Règles » n'erre jamais et n'arrive pas vaguement quelque part. Vous prévoyez. Vous connaissez le système et l'utilisez. Vous comprenez quelles démarches sont nécessaires pour vous rendre du point A au point B, et grimper ainsi jusqu'au point Z.

Vous devez étudier le système de promotion si vous voulez le pénétrer et en profiter. Il est tout simplement inutile d'attendre que quelque chose se présente ou que le destin s'en mêle et vous propulse par hasard vers le haut. Vous devez saisir les occasions et créer votre chance. Vous devez savoir exactement comment éviter tous les clichés et vous élever à l'intérieur du système.

À quoi le système de promotion applicable dans votre industrie ressemble-t-il ? Le connaissez-vous ? L'avez-vous étudié ? Examinez le parcours de ceux qui sont passés par là avant vous. Sinon, il est très probable que vous comptiez uniquement sur la chance pour vous amener là où vous le souhaitez. Il se peut que cela fonctionne bien et que cela vous amène où vous voulez être, mais vous ne pouvez pas compter dessus. C'est un peu comme si vous jouiez au loto dans l'espoir de devenir riche et de prendre votre retraite. Il est possible que cela arrive, mais c'est peu probable.

Fabriquez-vous une courbe de promotion :

• à l'intérieur de votre entreprise, regardez vers le haut jusqu'à la position la plus senior qui puisse être tenue (ou la position la plus haute à laquelle vous pouvez vous attendre à aspirer, cela devrait revenir au même, et notez-la) ;

• regardez la plus basse ; notez-la ;

• déterminez maintenant toutes les étapes entre les deux ;

• indiquez ensuite où vous vous situez ;

• faites la liste de toutes les démarches à entreprendre pour y parvenir.

Vous voilà muni de votre propre courbe de promotion ; vous allez pouvoir barrer chaque étape que vous accomplissez.

(Le même principe basé sur les étapes fonctionne également si, au lieu de vous élever dans la société où vous êtes, vous décidez de vous établir à votre compte et d'être entrepreneur.)

Pendant que vous faites cela, vous pouvez en profiter pour établir la liste des savoir-faire, de l'expérience, etc., dont vous aurez besoin pour réussir chaque étape. À côté, vous pouvez ajouter ce que vous devez faire pour acquérir ce dont vous avez besoin : où vous devez vous rendre, ce que vous devez apprendre, ce que vous devez étudier. Vous pouvez ajouter cette liste à votre plan à long terme et à votre plan à cinq ans.

Règle 3.4

Développez une stratégie

Développer une stratégie peut s'apparenter à la démarche de l'acteur qui choisit un rôle et apprend son texte. Votre stratégie doit être conforme à ce que vous allez être. Peu de gens choisissent consciemment d'être des perdants, mais ils finissent ainsi. Ne laissez pas cela vous arriver. Et cela n'arrivera pas si vous prenez l'initiative et développez une stratégie.

Votre stratégie est une sorte d'ordre de mission personnelle. Avoir une stratégie n'est pas la même chose que de se fixer des objectifs, démarche qui vous permet d'être la personne que votre stratégie décide que vous êtes.

Alors, qui allez-vous être ? Un vainqueur ou un perdant ? Quelqu'un qui abandonne ? Quelqu'un qui se relève, s'époussette et recommence du début ? Un brillant stratège ? Un perdant ? Rien de tout cela ?

Évidemment, vous pouvez choisir d'être impitoyable, désagréable, cruel, vindicatif, mais nous supposerons que vous ne ferez pas ce choix ; un « adepte des Règles » ne se comporte jamais ainsi. Votre stratégie devrait inclure vos qualités et le type de jeu que vous voulez planifier : « Je réussirai, tout en étant quelqu'un un profondément de bien. »

Peu de gens s'assoient et procèdent consciemment à cet exercice. Malgré sa simplicité apparente, c'est un outil important pour parvenir à vos fins. Si plus de gens s'astreignaient à cette discipline, ils ne deviendraient pas désagréables, ennuyeux, cancaniers, ni ne seraient détestables avec leurs collègues. Si nous devions tous nous asseoir et écrire notre stratégie – et vivre avec –, peut-être finirions-nous tous par devenir de meilleures personnes. Vous n'aurez pas un mauvais karma si vous faites de votre mieux pour vous montrer agréable, coopératif, serviable, chaleureux, gentil et honnête avec les autres. Qui s'assiérait pour écrire : « Je vais me comporter en parfait salopard et jouer des tours pendables au plus grand nombre de personnes possible, me faire détester de tous et, de manière générale, me rendre aussi impopulaire que possible » ? Personne n'écrirait cela, mais j'ai travaillé avec un certain nombre de personnes dont c'était la stratégie. Celles-ci réussissent peut-être dans leur vie professionnelle, mais parviennent-elles à dormir ? Comment se supportent-elles ?

J'ai travaillé à un moment avec un manager relativement senior qui avait la technique suivante. Le matin, lorsqu'il arrivait au bureau, il traversait l'étage, hurlait sur le plus de gens possible. Il allait ensuite dans son bureau, prenait un café les pieds sur sa table pendant une demi-heure et revenait en se comportant de manière charmante avec tout le monde. Lorsque je lui ai demandé pourquoi il se comportait ainsi, il m'a répondu : « Ça les empêche de s'endormir. Ils ne savent jamais à quoi s'en tenir avec moi. » Il était sincèrement détesté de tous, craint de la plupart et méprisé par ses pairs. Bonne stratégie ? Non.

Règle 3.5

Fixez-vous des objectifs

Un objectif est un ordre de mission simple, qui se résume à une phrase, que vous pouvez vous fixer pour vous accompagner le long de la journée. Il est quasi impossible de réussir ou d'être promu sans se fixer d'objectifs.

Un objectif souligne les ingrédients clés, importants, de votre recette de travail. Supposez que vous devez aller à une réunion. Nous détestons tous les réunions ; elles sont interminables, ennuyeuses, non productives, voire contre-productives, et sources intarissables d'irritations et de disputes. Vous savez que Steven, de la comptabilité, sera là et fera tout son possible – en général avec succès – pour vous sermonner. Vous savez que vous allez vous faire détourner de votre sujet et finirez par devoir discuter du déménagement à Swindon alors que cela ne concerne même pas votre service. Vous savez que vous devrez discuter du budget pour le stand d'exposition alors que le salon se tient dans six mois et que vous ne savez pas encore si vous aurez un stand au salon cette année. Alors fixez-vous un objectif :

« Je ne parlerai que de sujets que je connais et comprends et qui me concernent au cours de cette réunion et quelle que soit l'attitude de Steven, je ne mordrai pas à l'hameçon. »

Bien. Maintenant tenez-vous-y.

Supposez que vous devez présenter un rapport au comité financier sur les nouvelles estimations du prix de revient du parterre de fleurs devant les nouveaux bâtiments du siège social. Vous savez que les membres du comité financier peuvent parler pour ne rien dire pendant des heures, sur des sujets futiles du style « vaut-il mieux avoir des marguerites ou des renoncules des marais ? », alors que tout ce que vous devez faire c'est leur présenter le coût des plants et des semences, des équipements pour biner, arroser, tondre, sans vous laisser prendre dans les menus détails du genre « quelle sera la plus jolie fleur au printemps ? » Alors fixez-vous un objectif :

« Je présenterai mon rapport et, dès que les commentaires auront été faits, je m'excuserai et partirai. Si le comité insiste pour discuter de choses sans rapport avec ma présence à la réunion, je le ferai remarquer avec assurance et partirai. »

Bien. Maintenant tenez-vous-y.

Ayez un objectif par domaine dans votre vie professionnelle. Fixer ces objectifs ne prend que quelques secondes mais aide à souligner :

- ce qui ne va pas ;
- les solutions désagréables pour pallier ce qui ne va pas ;
- les mesures pratiques à prendre pour corriger ce qui ne va pas ;
- comment éviter que le problème ne se reproduise.

Il est quasi impossible de réussir ou d'être promu si on ne se fixe pas d'objectifs

Règle 3.6

Connaissez votre rôle

Quel est votre rôle ? Vous savez que vous êtes là pour faire un travail, remplir une fonction, accomplir certaines tâches, suivre des procédures établies, et tout cela. Mais quel est votre rôle ? Connaître son rôle ressemble un peu à mettre en place une stratégie. Une stratégie souligne quelle sorte de personne vous serez lorsque vous travaillez. Un rôle se rapporte à quelle sorte de facilitateur vous serez. Serez-vous un salarié bouillonnant d'idées ? Un modérateur ? Un communicateur ? Un diplomate ? Celui qui alloue les tâches ? Un motivateur ? Au fond, votre rôle peut se résumer à la manière dont vous vous intégrez dans l'équipe – eh oui, nous travaillons tous en équipe, il le faut par les temps qui courent.

Le Dr Meredith Belbin a passé plus de vingt ans à faire de la recherche sur la nature du travail en équipe, en vue d'améliorer l'efficacité des membres d'une équipe. Il a identifié neuf rôles en équipe distincts :

- les Concepteurs ; ce sont des penseurs originaux. Ils émettent de nouvelles idées ; ils apportent des solutions aux problèmes ; ils pensent de manière radicalement différente, avec imagination ;

- les Promoteurs ; ce sont des créatifs. Ils aiment prendre des idées et les développer ; ils sont extravertis et populaires ;

• les Coordinateurs ; ce sont des gens très méthodiques, maîtres d'eux-mêmes. Ils peuvent se concentrer sur des objectifs ; ils unifient une équipe ;

• les Propulseurs ; ce sont des gens focalisés sur la réussite. Ils aiment être stimulés et obtenir des résultats ;

• les Priseurs ; ce sont des gens calmes et neutres. Ils analysent, équilibrent et soupèsent ; ils pensent de manière objective ;

• les Soutiens ; ils apportent leur soutien et se montrent coopératifs. Ils font de bons diplomates, car ils veulent ce qu'il y a de mieux pour l'équipe ;

• les Organisateurs ; ils possèdent un bon sens de l'organisation. Ils font preuve de bon sens ; ils aiment faire en sorte que le travail accompli ;

• les Perfectionneurs ; ils vérifient les détails. Ils rangent derrière eux ; ils se montrent extrêmement consciencieux ;

• les Experts ; ils se consacrent à acquérir des compétences spécialisées. Ils se montrent très professionnels ; ils font preuve d'énergie et de dévouement.

Alors lequel de ces personnages êtes-vous ? Quel rôle jouez-vous au sein de l'équipe ? Êtes-vous content de votre rôle ? Pouvez-vous en changer ?

AU FOND, VOTRE RÔLE PEUT ÊTRE RÉSUMÉ À LA MANIÈRE DONT VOUS VOUS INTÉGREZ DANS L'ÉQUIPE – EH OUI, NOUS TRAVAILLONS TOUS EN ÉQUIPE, IL LE FAUT PAR LES TEMPS QUI COURENT

Règle 3.7

Connaissez vos forces et vos faiblesses

Si vous devez être un « adepte des Règles », vous devez vous montrer incroyablement lucide sur vous-même. Beaucoup de personnes n'y parviennent pas, elles n'arrivent pas à braquer les projecteurs sur elles de manière suffisamment objective ou suffisamment intelligente pour se voir comme les autres les voient. Et il ne s'agit pas uniquement de la manière dont les autres nous voient, mais aussi de celle dont nous nous voyons. Nous avons tous une image mentale de nous-même – de quoi nous avons l'air et à quoi nous ressemblons, comment nous fonctionnons, la manière dont nous travaillons –, mais nous devons nous interroger pour savoir à quel point cette image est réaliste. Je pense travailler de manière créative et excentrique, mais pour certains, je suis brouillon et désordonné. Alors, quelle est la vérité ? Quelle est la réalité ?

Pour connaître vos forces et vos faiblesses, vous devez d'abord comprendre votre rôle, c'est-à-dire la manière dont vous travaillez. Je peux considérer le fait d'être créatif comme une force. J'ai beaucoup d'excellentes idées, je ne prête aucune attention aux projets en cours de réalisation, je préfère générer de nouveaux projets plutôt que les mener à leur terme ou de réellement travailler dessus ; tout cela doit certainement être une force. Mais si je suis un Perfectionneur ou un Organisateur, c'est alors une faiblesse. Mes forces seraient, dans ce cas, de faire preuve de persévérance, de zèle, de prévisibilité, de conformisme, de fermeté, d'ordre, d'être accrocheur ; beurk, ce sont sûrement des faiblesses ? Vous devez d'abord connaître votre rôle avant de pouvoir émettre des jugements subjectifs sur vos forces et vos faiblesses.

Si vous ne savez pas, je dis toujours qu'il faut faire des listes. Inscrivez ce que vous pensez être vos forces et vos faiblesses. Montrez la liste à un ami proche, qui ne travaille pas avec vous. Demandez-lui son avis objectif. Puis montrez votre liste à quelqu'un auquel vous pouvez faire confiance et avec qui vous travaillez. Considèrent-ils tous les deux que vous êtes proche de la vérité ou ont-ils des avis différents ? Je parie que la différence est sensible. En effet, les qualités particulières dont vous faites preuve dans le cadre d'une relation amicale sont assez différentes de celles que vous manifestez dans une relation de travail.

Cette règle a pour objet de connaître vos forces et vos faiblesses, et pas nécessairement de les améliorer, de les éliminer, de travailler dessus, de les modifier de quelque manière que ce soit. Nous sommes ce que nous sommes et nous devons travailler avec nos atouts et nos faiblesses. Peut-être êtes-vous désorganisé, fantasque, imprévisible : est-ce bien ou mal ? Tout dépend de votre rôle. Vous devrez peut-être changer de rôle pour qu'il corresponde mieux à vos forces et vos faiblesses.

Beaucoup de gens pensent qu'identifier leurs forces et faiblesses signifie qu'ils doivent se débarrasser des choses mauvaises et travailler uniquement avec leurs qualités. Faux. Il ne s'agit pas de thérapie. Nous sommes dans le réel.

Nous avons tous nos faiblesses. Le secret est d'apprendre à nous en servir plutôt que d'essayer d'être parfait, ce qui n'est ni réaliste, ni productif.

Peut-être parviendrez-vous à faire meilleur usage de vos faiblesses, mais alors elles deviendront des forces, n'est-ce pas ? Pensez-y.

Règle 3.8

Identifiez les moments et événements clés

Les cobras disposent de beaucoup de puissance, de beaucoup de venin et de beaucoup d'énergie. Mais ils attaquent rarement. Ils se servent de ce pouvoir et de cette énergie lorsque c'est :

- opportun ;
- sensé ;
- avantageux ;
- bénéfique ;
- nécessaire ;
- important.

Ils attaquent lorsqu'ils sont en danger ou lorsqu'ils ont faim. Le reste du temps, vous ne soupçonnez même pas leur présence. Le reste du temps, ils ne ressemblent même pas à des cobras. Ils ne montrent pas le bout de leur queue, sauf lorsque c'est nécessaire. Vous vous ferez cobra. Utiliser toute votre énergie et tout votre pouvoir lorsque ce n'est pas nécessaire n'a aucun intérêt. Vous devez identifier les moments et les événements clés, puis attaquer.

Il est relativement simple d'identifier les moments et les événements clés pour le cobra : le danger et la faim. Mais quels sont les vôtres ? C'est beaucoup plus difficile. Cela n'a pas beaucoup de sens de travailler très tard dans la nuit pour produire un rapport qui ne sera vu que d'une poignée de vos collègues puis sera oublié. Attendez le rapport important, celui qui ira droit sur le bureau du DG ; celui-ci nécessite toute la puissance d'attaque du cobra.

Bien entendu, beaucoup de gens attendent le moment clé – la soirée du bureau, le concert à l'Olympia, la visite de la famille royale – et manquent complètement leurs objectifs. Ils se saoulent, ratent leur métro, arrivent en retard, malades, la braguette ouverte ou les collants déchirés.

Comment repérer les événements clés ? Une présentation est une bonne occasion. Faites-la bien et on s'en souviendra. Ratez-la et c'est vous qu'on oubliera.

Ne vous trompez pas. Identifiez ces moments et événements et brillez lorsqu'ils interviennent. Faites-vous cobra et attaquez lorsque c'est opportun.

UTILISER TOUTE VOTRE ÉNERGIE ET TOUT VOTRE POUVOIR LORSQUE CE N'EST PAS NÉCESSAIRE N'A AUCUN INTÉRÊT

Règle 3.9

Anticipez les menaces

Les menaces nous arrivent dessus chaque trimestre, chaque jour – licenciements économiques, réductions d'effectifs, rachats, collègues vindicatifs, patrons irascibles, nouvelles technologies, nouveaux systèmes, nouvelles procédures. En réalité, il existe des ouvrages entiers consacrés aux menaces – essentiellement dues au changement –, tels que *Qui a piqué mon fromage ?* et *Comment se sortir des situations difficiles au travail.* Si nous parvenons à réfléchir vite, à nous tenir en dehors des ornières, à être flexibles et à bouger vite, à encaisser les coups et à tenir la distance, nous ne nous contenterons pas de survivre au changement, mais nous nous montrerons aussi des contorsionnistes et des athlètes de premier ordre. Bien sûr, nous ne pouvons pas faire tout cela. Il y aura des moments où la menace nous prendra de vitesse et où nous serons écrasés. Cela nous arrive à tous. Nous ne pouvons pas échapper au fait que la vie nous tire dessus à bout portant et que nous avons rarement, si ce n'est jamais, le temps d'esquiver.

Mais une menace n'est jamais qu'une menace. Lorsqu'elle devient réalité, nous pouvons nous en occuper. Tant qu'elle n'est qu'à l'état de menace, elle induit de la peur mais ne peut faire aucun mal. Parvenir à repérer quelle menace deviendra réalité est une qualité. Un talent. Nombreuses sont les menaces et nous ne pouvons réagir à toutes. Moins nombreuses sont les réalités et nous devons réagir face à elles.

Il est utile de ne pas voir les menaces comme des menaces, mais plutôt comme des occasions. Chaque menace qui devient réalité est une occasion de grandir et de changer, d'adapter et de retravailler nos méthodes et notre style de management. Si nous montrons une attitude positive, nous verrons moins les menaces comme des choses négatives et plus comme des choses positives. En effet, elles nous donnent l'occasion de nous prouver qui nous sommes. Si nous ne rencontrons jamais de difficultés, nous ne nous améliorerons jamais.

J'ai travaillé à un moment pour une société qui fut rachetée. Les nouveaux patrons amenèrent leurs propres managers et trois d'entre nous furent « rabaissés », en d'autres termes, rétrogradés. Nous n'avions pas le choix, à moins de partir, bien sûr. À cette époque, j'étais un « adepte des Règles » sérieux et je vis cela comme une occasion de prouver à mes nouveaux patrons que j'étais suffisamment bon pour faire partie de leurs managers ; trois mois plus tard, j'étais de retour.

Quant à mes deux collègues, l'un finit par partir et l'autre resta à son poste. Tous deux râlaient, se plaignaient, et vivaient leur changement de statut comme une humiliation et une insulte. Et c'était probablement le cas, mais je n'avais pas besoin de me sentir déprimé. Il fallait que je retourne là-bas ; vers le haut et en avant.

CHAQUE MENACE QUI DEVIENT RÉALITÉ
EST UNE OCCASION DE GRANDIR ET DE CHANGER

Règle 3.10

Cherchez des occasions

Je sais bien que je vous ai dit d'avoir un plan – à la fois à long terme et à court terme –, mais il arrive des moments où les plans peuvent être jetés aux oubliettes. C'est ce qui se passe quand une opportunité se présente. Un de mes amis n'évoluait pas particulièrement vite. Il a eu un jour, dans le train, l'occasion de voyager dans le même compartiment que son président. Ce fut sa chance. Il aurait pu se planter, se transformer en crétin, être trop gêné ou nerveux pour tirer avantage de la situation. Mais il ne fit rien de tout cela. Il sut parfaitement se vendre. Il se contenta de bavarder de manière informelle, mais avec le respect auquel son président avait droit ; il montra qu'il avait une excellente compréhension de l'histoire de la société, de sa mission et de ses buts généraux ; il présentait bien, se montrait malin et parlait bien ; il s'exprimait de manière claire ; et, chose encore plus importante, il ne se faisait pas valoir de manière visible : il savait quand se taire et reculer. Cela marcha, manifestement. Le président dit à la chef de service de mon ami qu'elle avait un jeune homme astucieux dans son équipe, et qu'il aimerait le voir plus souvent. Avait-elle d'autre choix que de le promouvoir ?

Voilà ce qu'on appelle saisir une occasion. Vous ne pouvez pas inscrire ces moments dans vos plans, mais sachez qu'ils se présenteront. Lorsqu'ils se présentent, vous devez :

• savoir les reconnaître ;

• savoir vous en servir ;

• rester calme et courtois.

Vous ne devez pas :

• ne pas reconnaître le moment pour ce qu'il est : une chance fugitive ;

• paniquer ;

• aller trop loin ;

• vous emballer tellement que vous passerez pour un abruti.

Apprenez à voir la chance comme une balle : si elle est lancée dans votre direction, vous n'avez qu'une fraction de seconde pour l'attraper. Vous n'avez pas le temps de poser des questions, de regarder par-dessus votre épaule, d'évaluer le plus et le moins et de danser le fox-trot. Vous attrapez la balle ou vous ne l'attrapez pas.

Prenez un peu de temps pour regarder a posteriori quelles occasions vous avez manquées et ce que vous feriez si elles se représentaient. Est-ce que vous réagiriez différemment maintenant ? Où vous êtes-vous trompé ?

APPRENEZ À VOIR LA CHANCE COMME UNE BALLE : SI ELLE EST LANCÉE DANS VOTRE DIRECTION, VOUS N'AVEZ QU'UNE FRACTION DE SECONDE POUR L'ATTRAPER

RÈGLE 4

SI VOUS N'AVEZ RIEN DE BIEN À DIRE : TAISEZ-VOUS

C'est une règle vraiment facile à comprendre mais difficile à appliquer. Nous aimons tous raconter des potins, dire du mal des autres, parler de notre patron dans son dos. Mais la règle est : « N'agissez pas ainsi. » Apprenez à prononcer seulement des paroles positives et élogieuses. Vous êtes jugé autant sur ce que vous dites que sur la manière dont vous le dites (voir Règle 2), alors soyez connu comme quelqu'un de toujours agréable et optimiste.

Règle 4.1

Ne racontez pas de potins

« Sais-tu que, lors de la dernière conférence de la société, on a vu Steve, de la comptabilité, sortir de la chambre de Debbie, du marketing, très tôt le dimanche matin ? Et que depuis on les a vus deux fois chez Luigi à l'heure du déjeuner et que Kathy jure qu'elle les a vus se tenir la main dans l'ascenseur. Steve est marié, tu sais, et je croyais que Debbie était fiancée. Qu'en penses-tu ? Devraient-ils continuer leur liaison ? »

Réponse : « En quoi est-ce que cela me regarde ? »

Effectivement, cela ne vous regarde pas, à moins que Steve ne soit votre patron et que cela n'influe sur son travail ou que vous soyez le fiancé de Debbie. Cette règle dit que vous ne devez pas raconter de potins. Elle ne dit pas que vous ne devez pas écouter. Vous trouverez cela peut-être intéressant et il est parfois utile de savoir ce qui se passe. Mais une partie de cette règle est très, très simple : ne faites rien circuler. Voilà. Le commérage s'arrête avec vous. Si vous écoutez sans rien faire circuler et sans donner votre avis, on vous considérera comme « l'un des nôtres » et non comme un rabat-joie. Vous n'avez pas besoin de montrer votre désapprobation quand on vous raconte un potin ; ne faites simplement rien circuler.

Raconter des potins est l'occupation des esprits oisifs, des personnes qui n'ont pas suffisamment de travail. C'est également celle des gens occupés à des tâches bêtifiantes – des activités qu'ils peuvent accomplir sans réfléchir. Ces derniers doivent donc s'occuper au moyen de bavardages ineptes, de cancans, de rumeurs, de mensonges et d'histoires malveillantes. Le problème, c'est que, si vous n'y participez pas, on vous prendra pour un rabat-joie ou un bêcheur. Vous devez donner l'impression de raconter des potins sans jamais le faire. Surtout, n'allez pas faire le prétentieux et expliquer à tout le monde que c'est stupide de cancaner.

La discrétion est le mot clé dans de nombreux domaines. Ne vous montrez pas désapprobateur ; contentez-vous de ne pas faire comme les autres et gardez ce que vous pensez pour vous.

EN CE QUI CONCERNE LES POTINS, LA RÈGLE EST TRÈS SIMPLE : NE FAITES RIEN CIRCULER

Règle 4.2

Ne dites pas de mal des autres

Eh oui, la vie n'est pas juste. Parfois vos collègues tirent au flanc et vous vous retrouvez avec du travail supplémentaire ; les patrons peuvent être mal préparés à leurs fonctions et, de ce fait, se montrer incompétents et souvent incohérents ; partout autour de vous des idiots sont promus ; il y a trop de travail à faire ; trop de systèmes stupides en place ; des idiots contrarient vos projets les uns après les autres. C'est vrai, chienne de vie.

Expliquez-moi maintenant en quoi gémir vous aidera dans l'un de ces scénarios. Expliquez-moi en quoi gémir changera quoi que ce soit. Cela ne changera rien. Cela ne change rien. Gémir est une machine à perdre du temps inventée par des gens tristes qui n'avaient pas suffisamment de travail. Et ces gens se tiennent, en général, juste à côté de ceux qui racontent des cancans. Il se peut même qu'il s'agisse des mêmes personnes ; il y a même de bonnes chances que ce soit le cas. Et, lorsqu'ils se sont bien plaints, ils commencent à cancaner.

Il est inutile de râler. C'est stérile et cela n'aboutit à rien. Cela ne fait que :

- vous faire passer pour une personne désœuvrée, mesquine, aigrie ;

• vous encourager à baisser les commissures des lèvres ; vous perdez toute séduction ;

• gâcher votre temps ;

• faire de vous un aimant qui attire les autres râleurs ;

• vous conférer la réputation de quelqu'un qui ne propose jamais rien de productif ni d'utile ;

• vous démotiver et vous placer dans un cercle vicieux.

Alors, qu'allez-vous faire si vous êtes le râleur de service ? Facile. Assurez-vous, chaque fois que vous vous plaignez, de vous forcer à proposer une solution à la situation dont vous vous plaignez. Vous n'êtes pas autorisé à râler si vous n'avez pas de solution à proposer. Essayez cela pendant quelques semaines et vous vous arrêterez presque naturellement de vous plaindre.

Médire, c'est dire du mal des gens dans leur dos. La prochaine fois que vous ressentez l'envie pressante de dire du mal de quelqu'un, obligez-vous à aller le lui dire en face. Abstenez-vous si l'intéressé est absent de la salle. C'est une règle simple mais efficace. Lorsqu'il sera là, vous vous arrêterez de dire du mal de lui ; il est trop difficile de continuer à le faire une fois que vous avez assommé vos collègues de critiques sur votre bête noire. Si vous avez quelque chose à dire à quelqu'un, dites-le lui en face (mais relisez d'abord la Règle 4 : *Si vous n'avez rien de bien à dire : taisez-vous*).

IL EST INUTILE DE RÂLER. C'EST STÉRILE ET ÇA N'ABOUTIT À RIEN

Règle 4.3

PRENEZ LA DÉFENSE DES AUTRES

Vous êtes tous assis ensemble, en train de prendre un café, lorsque le sujet du jeune Adam arrive sur le tapis. Nous savons tous qu'Adam est un enquiquineur. Il ne fait pas sa part de travail, se défile, pique les stylos et les trombones, se montre grossier avec les gens de la sécurité, se décharge autant qu'il peut de son travail sur les autres, met ses erreurs sur le dos de ses collègues et, de manière générale, se montre odieux. Donc vous le critiquez tous dans son dos et vous vous libérez d'une grande partie de la colère que le comportement de ce collègue vous inspire. Mais pas *vous.* Oh, les autres peuvent agir ainsi, mais pas vous, plus à partir de maintenant. Vous êtes maintenant un « adepte des Règles » et vous prenez la défense des autres.

Peu importe combien le jeune Adam se comporte de manière détestable, vous trouverez toujours quelque chose de bien, et de sincère, à dire à son propos. Voilà votre objectif : *trouver quelque chose de bien à dire, quoi que ce soit.*

Cela sera peut-être difficile au début, mais si vous persévérez, cela deviendra de plus en plus facile. Tout est question d'habitude et d'attitude mentale. Si nous avons l'habitude de dire du mal des autres et de nous plaindre, alors c'est ainsi que nous agirons. Mais en changeant d'approche, nous pouvons nous montrer plus positifs ; bien sûr, au début, il faut faire des efforts pour changer.

Prendre la défense des autres, quoi que les gens disent, vous donnera la réputation de quelqu'un qui peut toujours trouver quelque chose de bien à dire sur les autres. De ce fait, ceux dont vous vous seriez plaint si vous n'étiez pas un « adepte des Règles » sauront que vous êtes la seule personne de l'équipe qui défendra leur point de vue. Vous gagnerez ainsi leur dévouement non écrit et deviendrez, en quelque sorte, l'ange gardien des membres les moins aimés de l'équipe.

Vous initierez ainsi une relation étrange mais qui accomplira des miracles ; ce sont ces salariés mal aimés qui vous soutiendront en cas d'urgence. Ils vous préviendront si quelqu'un cherche à vous jouer des tours. Ils remueront ciel et terre parce qu'ils savent que vous vous souciez d'eux. C'est à eux que vous devez faire signe si vous avez besoin d'une faveur.

Le bruit se répandra incroyablement vite que vous êtes une personne vraiment bien : vous ne dites pas de mal des autres, vous ne râlez pas, vous défendez les perdants, vous soutenez les gens, et vous parvenez toujours à trouver quelque chose de bien même aux personnes les plus pourries.

Bien entendu, vous devrez faire cela de manière honnête et sincère : il n'est pas bon de mentir ou d'inventer. Si, au début, vous trouvez rien de positif à dire, alors taisez-vous. Mais il existe toujours quelque chose de bien à dire : personne n'est entièrement mauvais ou méchant ou désagréable.

Pour en revenir au jeune Adam. Qu'allez-vous dire de lui ? Eh bien, pour commencer, vous pouvez souligner qu'il prépare bien le café. Ou qu'il est ponctuel. Ou qu'il sait s'y prendre avec les clients mécontents. Ou qu'il possède un excellent sens de l'humour. Ou qu'il connaît toujours les résultats du match de foot. Continuez simplement de dire : « Mais il est bien parce que... ».

Règle 4.4

FÉLICITEZ LES GENS AVEC SINCÉRITÉ

La clé de cette règle est le terme « sincérité ». Vous ne devez pas faire de compliments avec désinvolture, à tort, superficiellement, malhonnêtement ou avec fourberie. Les compliments doivent être réels, honnêtes, non dissimulés, dépourvus de malice et efficaces.

Il est relativement délicat d'avoir la réputation de faire des compliments. Vous ne voulez pas qu'on vous considère comme un flatteur ou un menteur – et les gens qui font des compliments finissent souvent par être perçus de la sorte –, vous voulez donner l'impression d'être sincèrement chaleureux et sympathique.

Alors comment vous y prendre ? Et pourquoi ? Eh bien, lorsque vous faites des compliments avec affabilité, les gens pensent un bien incroyable de vous et cela fait circuler des bonnes ondes au bureau. La meilleure façon de vous y prendre est de rester simple. Il vous suffit de dire : « J'apprécie vraiment votre nouvelle coupe de cheveux », puis de poser une question concernant le sujet de votre compliment et de le faire sur *la manière* dont cela a été fait : « Qui vous a coupé ? »

« J'apprécie vraiment la manière dont vous vous êtes occupé de ce client. Et vous, quel est votre sentiment par rapport à lui ? »

« Je dois dire que j'ai beaucoup apprécié votre rapport. Comment le conseil l'a-t-il accueilli ? »

Essayez d'éviter les expressions excessives. Vous « n'aimez pas » son nouveau manteau, vous l'appréciez seulement. Souvenez-vous : si vous « l'aimez », vous voudrez l'épouser et avoir des enfants avec elle/lui. Cela ne se dit pas d'un manteau, d'un rapport, d'une coupe de cheveux ou de la manière dont quelqu'un gère un client.

Si vous « appréciez » quelque chose, n'hésitez pas à le dire. Vous pouvez insister et faire comprendre à votre interlocuteur à quel point vous appréciez en disant :

- « J'apprécie réellement... » ;
- « J'apprécie vraiment... » ;
- « J'aimerais vous dire à quel point j'apprécie... ».

Bien que le terme « apprécier », soit un excellent terme de départ, vous pouvez utiliser d'autres termes :

- « J'ai été très impressionné par... » ;
- « J'ai trouvé que vous avez vraiment bien... » ;
- « Vous vous y êtes pris d'excellente manière pour... » ;
- « Je me suis bien plu à votre présentation. C'était vraiment exceptionnel ».

Lorsque vous félicitez les gens, assurez-vous qu'on ne puisse vous reprocher de faire la cour ou de draguer. Cantonnez-vous à des sujets professionnels et/ou en relation avec le travail. Je suis certain que vous n'aviez pas besoin qu'on vous le dise.

Règle 4.5

Montrez-vous joyeux et positif

Si vous allez tous les matins au bureau plein de vibrations positives, vous passerez pour une personne sur laquelle le stress, les ennuis et les problèmes glissent comme l'eau sur le dos des canards. Vous vous ferez ainsi la réputation de quelqu'un qui maîtrise la situation, qui sait s'y prendre, quelqu'un de détendu, de confiant et de très mûr. Et tout cela pour quelques mesures de *Moon River*, sifflotées sur le chemin de votre bureau.

Montrez-vous joyeux à tout moment. Il pleut, c'est un après-midi d'hiver sombre et déprimant. Les affaires marchent au ralenti, les taux d'intérêt ont encore augmenté, le patron est de mauvaise humeur et tout le monde travaille dur. Ce n'est pas une raison pour perdre votre sourire. Oui, c'est un mauvais jour, mais cela passera et le soleil reviendra. Quelle que soit la situation, les choses s'amélioreront toujours.

L'astuce est de conserver une attitude joyeuse et positive. Vous n'avez pas besoin d'y croire, au début : contentez-vous de le faire. Faites semblant. Mais faites-le. Au bout de quelque temps, vous constaterez que vous ne faites pas semblant, mais que vous vous sentez sincèrement joyeux. C'est une astuce. Vous vous jouez un tour à vous-même, et à personne d'autre.

Afficher un sourire déclenche chez vous une sécrétion hormonale. Ces hormones font que vous vous sentez mieux. Une fois que vous vous sentez mieux, vous souriez plus et produisez ainsi encore plus d'hormones. La seule chose à faire est de sourire les premiers jours alors que vous n'en avez pas envie et vous entamerez un cycle qui fera que vous vous sentirez toujours mieux.

Une fois que vous serez perçu comme quelqu'un de joyeux et de positif, les gens souhaiteront passer plus de temps avec vous : rien n'est plus séduisant qu'une personne joyeuse.

Apportez quelques fleurs au bureau et égayez votre table. Sifflez. Souriez. Riez. Ne révélez jamais que, au fond de vous, vous vous sentez au bout du rouleau. Il est beaucoup trop facile, lorsque quelqu'un vous demande « Comment vas-tu ? », de répondre « Oh, pas trop mal, pas de quoi se plaindre, pas de quoi ronchonner, tu sais, j'continue de me battre ». De manière toute faite. Par habitude. Essayez plutôt de répondre : « Bien, vraiment bien, ça marche bien. » Voilà une astuce à votre attention.

Quelqu'un vous apporte encore plus de travail, du travail que vous ne pouvez tout simplement pas refuser : un travail qui fait partie de vos attributions, juste au moment où vous pensiez voir un peu de lumière au bout du tunnel. Il est facile de dire : « Oh non, pas plus de ce foutu travail. Est-ce que personne ne réalise à quel point je suis occupé ? Trop, c'est trop. » Si vous n'avez pas d'autre choix que de faire ce travail et que râler ne changera rien, alors pourquoi ne pas dire : « Bien, pose-le ici, je m'en occuperai dans un moment. Merci » ? Pourquoi réprimander le messager ? Je suis certain qu'il n'a pas généré en personne tout ce travail supplémentaire juste pour vous embêter. Quelle barbe de devoir faire ce travail supplémentaire. Et alors ? Montrez-vous joyeux et mettez-vous à la tâche. Chaque seconde passée à vous plaindre et à rouspéter est une seconde perdue. Chaque seconde passée à vous montrer joyeux et positif est une seconde gagnée. Faites votre choix.

Règle 4.6

Posez des questions

L'objet de cet exercice est de devenir :

- populaire ;
- susceptible d'être promu ;
- couronné de succès ;
- vraiment bien ;
- efficient.

L'une des manières les plus simples de parvenir à cela est d'apprendre à poser des questions et de prendre l'habitude de le faire. Quel type de questions ? Eh bien, cela dépend évidemment de la situation. Par exemple lors de l'exposé de la Règle 4.4 : *Félicitez les gens avec sincérité*, nous avons utilisé un certain nombre d'exemples où il était utile de savoir poser des questions complémentaires : « J'ai réellement apprécié votre présentation. J'ai trouvé que vous aviez l'air incroyablement calme. Comment faites-vous pour ne pas trembler ? » Ou « J'apprécie votre nouvelle méthode de traitement des factures. Comment l'idée vous est-elle venue ? ».

Poser des questions montre que vous faites attention, que c'est important pour vous, que cela vous intéresse, que vous êtes réfléchi, prévenant, intelligent et constructif. Les imbéciles ne posent pas de questions. Les gens qui s'ennuient ne posent pas de questions. Les paresseux ne posent pas de questions. Une question ?

Les gens belliqueux ont tendance à faire des déclarations : « Je n'apprécie pas cette idée, elle est inexploitable. » Les « adeptes des Règles » posent des questions ; ils peuvent vouloir dire la même chose mais s'y prennent différemment ; « J'aurai besoin de plus d'informations au sujet de votre idée. Comment la voyez-vous fonctionner ? Le service expédition sera-t-il en mesure de gérer l'augmentation de commandes ? Peut-on prévoir suffisamment de personnel supplémentaire pour aider ? Peut-être avons-nous tous besoin de laisser décanter et de réfléchir sur cette idée. Qu'en pensez-vous ? » Vous n'avez pas dit que l'idée était mauvaise, mais vos interlocuteurs savent que c'est ce que vous pensez ; et ils pensent aussi que vous êtes quelqu'un de vraiment bien : vous ne les avez pas descendus en flèche devant leurs collègues, mais vous leur avez donné suffisamment de corde pour se pendre s'ils le souhaitent. Et vous leur avez donné une issue de secours, s'ils choisissent de la prendre – laisser décanter et réfléchir un peu plus ; selon vous, cette idée est mauvaise, mais c'est dit de manière très diplomatique.

Poser des questions est, de manière générale, une très bonne chose. Cela montre que vous vous intéressez à vos collègues. Mais faites en sorte que les questions soient justifiées et sincères, qu'elles soient intéressantes et soient gentilles.

Cela ne sert pas à grand-chose de demander : « Où diable avez-vous trouvé un manteau pareil ? Vous ne pensez pas sérieusement qu'il vous va bien ! » Mieux vaut ne pas s'appesantir sur le manteau s'il est vraiment épouvantable. À la place, posez des questions sur le travail : « Comment parvenez-vous à facturer aussi vite ? Avez-vous un secret que j'ignore ? »

Rappelez-vous : vous prenez la défense de quelqu'un – même s'il est détestable ; parce qu'il existe toujours quelque chose de bien à dire sur quelqu'un, personne n'est entièrement mauvais. Il en est de même avec les questions. Vous pouvez poser des questions sur un aspect du travail des gens, leur passe-temps, leur vie sociale ou leur famille. Même s'il ne s'agit que d'un « Comment vont les enfants ? », poser des questions réchauffe l'atmosphère et vous rend sympathique. Cela engage le dialogue, génère de l'amabilité et crée de la chaleur entre des gens qui doivent travailler ensemble tous les jours.

Règle 4.7

NE SOYEZ PAS AVARE DE VOS « S'IL VOUS PLAÎT » ET DE VOS « MERCI »

Peut-être pensez-vous qu'une règle aussi évidente, basique et fondamentale ne devrait pas faire partie des Règles. Désolé, mais nous avons tous besoin qu'on nous rappelle qu'il est terriblement important de dire « s'il vous plaît » et « merci ». Ces petits mots ne sont pas assez employés. Les gens disent qu'ils sont trop occupés ou trop étourdis ou que cela allait de soi, qu'ils l'ont déjà dit et qu'ils n'ont pas besoin de le répéter à chaque fois. N'importe quoi ! La seule raison pour laquelle on oublie de dire « s'il vous plaît » et « merci », c'est que l'on a des mauvaises manières. Si nous commençons à ignorer les règles de base des échanges humains et de la politesse, alors cela ne sert vraiment à rien de vivre ensemble. Si nous ne nous montrons pas suffisamment civils et civilisés pour remercier quelqu'un ou pour se donner la peine de dire « s'il vous plaît », alors il est grand temps de plier bagage.

Peu importe le nombre de fois par jour où quelqu'un vous tend un morceau de papier, dites « merci » à chaque fois. Peu importe le nombre de fois où vous devez demander la même chose, dites toujours « s'il vous plaît ». Si quelqu'un fait quoi que ce soit pour vous, peu importe que ce soit courant, trivial, répétitif, ennuyeux, facile, dites toujours « merci ».

Oubliez une fois et vous serez étiqueté comme une personne grossière, rustre et déplaisante. Faites plaisir et n'oubliez jamais de faire plaisir, s'il vous plaît. Merci. J'ai travaillé avec un manager qui obtenait des membres de son équipe qu'ils travaillent de nuit, écourtent leurs vacances, accomplissent des heures supplémentaires, travaillent pendant leurs congés, emportent du travail chez eux, travaillent les week-ends et travaillent plus dur qu'ils ne l'avaient fait pour aucun autre manager. Nous le regardions tous en cherchant à identifier ce qu'il faisait que nous ne faisions pas. Il obtenait de son équipe une loyauté que nous ne parvenions pas à obtenir. Je sais que vous avez de l'avance sur moi, à ce stade, et que vous levez la main pour répondre : il disait « s'il vous plaît » et « merci ».

Il était ainsi et cette simple politesse faisait son chemin. Je ne pense pas que son équipe s'en rendait compte. Pendant longtemps nous ne l'avons pas non plus réalisé. Nous pensions dire également « s'il vous plaît » et « merci ». Mais lui le disait infailliblement, à chaque fois. Et, lorsque vous le dites, pensez-le. Un « merci » sincère et chaleureux va loin. C'est aussi une bonne manière de répondre à des compliments, toute à votre honneur. Si quelqu'un vous dit que vous avez fait quelque chose de bien, ne rougissez pas et ne balbutiez pas : « Ce n'était vraiment pas grand-chose. » Cette réaction amoindrit le compliment que l'on vient de vous faire. Mieux vaut juste dire : « Merci. » N'utilisez jamais le « s'il vous plaît » pour soutirer quelque chose à quelqu'un en minaudant ou en le cajolant. Dites : « Pouvez-vous, s'il vous plaît, travailler pendant l'heure du déjeuner, car nous avons besoin de quelqu'un de plus pour couvrir les appels ; je m'assurerai que vous puissiez récupérer votre temps un peu plus tard cet après-midi ? » Ne dites pas : « Pouvez-vous travailler, s'il vous plaît ; *alleeeez*, s'il vous plaît. »

Règle 4.8

Ne jurez pas

Je sais que nous le faisons tous. Je sais que vous trouvez cela cool. Je sais qu'il faut être moderne et dans le coup. Mais, désolé, il n'est pas autorisé de jurer. Vous pouvez dire ce que vous voulez lorsque vous arrivez chez vous ou êtes seul dans la voiture. Mais vous ne pouvez pas jurer au bureau. C'est une règle simple mais qui marche parce qu'il s'agit d'un réglage par défaut : ne jurez pas. Qu'est-ce que cela implique en termes de décisions et de choix? Réponse : rien. Rien du tout. Voilà votre objectif. En vous abstenant de jurer, vous vous évitez de nombreux problèmes.

En revanche, si vous êtes réglé pour jurer par défaut, vous avez tant de décisions à prendre et de choix à faire que je suis surpris que vous arriviez seulement à travailler. Par exemple :

- jurez-vous chaque fois que quelque chose va de travers?
- jurez-vous au téléphone?
- jurez-vous devant votre patron?
- jurez-vous devant les clients?
- jurez-vous à propos de vos clients?

• vous limitez-vous à certains jurons, et n'utilisez pas les autres ?

• utilisez-vous des blasphèmes religieux ?

• vous limitez-vous à jurer modérément ou utilisez-vous des jurons vraiment choquants ?

Le terrain est miné. Un cauchemar. Il est tellement plus facile de ne pas avoir à s'en soucier. Il ne s'agit pas d'un diktat puritain. Mais d'un diktat d'efficacité. Le simple fait de ne pas jurer vous fera gagner du temps et vous épargnera des efforts et vous évitera de devoir y penser. Disparaissez maintenant.

VOUS POUVEZ DIRE CE QUE VOUS VOULEZ LORSQUE VOUS ARRIVEZ CHEZ VOUS OU ÊTES SEUL DANS LA VOITURE. MAIS VOUS NE POUVEZ PAS JURER AU BUREAU

Règle 4.9

Sachez écouter

Je ne vous demande pas d'offrir une épaule bien rembourrée sur laquelle tout le monde peut venir pleurer. En fait, cela ne relèverait probablement pas de la qualité d'écoute, mais de la thérapie. Quelqu'un qui sait écouter fait en sorte que la personne qui parle sait qu'il écoute. Il suffit de :

- l'encourager par des « hmmm, continue, oui, j'écoute » ;
- afficher le langage du corps adéquat : avoir la tête penchée d'un côté, les yeux ouverts et posés sur la personne qui parle, ne pas bâiller ni jouer avec votre montre ;
- répéter certaines parties du discours de votre interlocuteur pour vous assurer qu'il sache que vous l'avez compris : « Vendredi à 3 heures, oui, j'ai compris » ;
- faire répéter à votre interlocuteur ce que vous n'avez pas entendu ou pas compris ; « Peux-tu répéter ce que tu viens de dire à propos de Peterborough, je ne suis pas sûr d'avoir bien compris ? » ;
- poser des questions : « Donc le déménagement à Gloucester n'est plus à l'ordre du jour ? » ;

• prendre des notes : écrivez pendant que votre interlocuteur parle.

Mais pourquoi devez-vous savoir écouter ? Je répète : mais pourquoi devez-vous savoir écouter ? Facile. Cela vous permet :

• d'avoir plus d'éléments pour comprendre une situation ;

• d'acquérir une meilleure compréhension de ce que vous êtes censé faire ;

• de mieux saisir ce qui se passe autour de vous ;

• d'être considéré comme quelqu'un de compatissant et d'attentionné ;

• d'être considéré comme quelqu'un d'intelligent et de vif ;

• d'être considéré comme quelqu'un qui maîtrise son travail.

Si vous n'écoutez pas, vous ne savez pas. Si vous décidez d'écouter, faites en sorte que les personnes qui parlent sachent que vous écoutez. Facile.

Savoir écouter est une qualité, un talent particulier, que vous devez travailler et apprendre. Cela n'arrive pas tout seul et ce n'est pas automatique. Vous devez y penser, vous surprendre à ne pas écouter et alors vous y mettre.

SAVOIR ÉCOUTER EST UNE QUALITÉ, UN TALENT PARTICULIER QUE VOUS DEVEZ APPRENDRE ET TRAVAILLER

Règle 4.10

Ne dites que des choses sensées

Pour réussir et être promu, vous devez projeter la bonne image : celle de l'homme (ou de la femme) d'affaire sage, mûr(e), sérieux(se), calme, raffiné(e), digne de confiance, expérimenté(e). Mais tout votre travail peut être ravagé, détruit par un mot maladroit ou un instant d'inattention. Récemment, le chef de file d'un parti politique s'est fait renvoyer parce qu'il avait raconté une plaisanterie raciste lors d'un dîner d'un club de rugby. Sa carrière s'est écroulée à cause d'un moment d'inattention où il ne « parlait pas avec raison ».

Vous devez prendre garde :

- aux commentaires qui ne sont pas politiquement corrects ;
- aux plaisanteries blessantes ou aux remarques qui vous aliéneraient une partie de la communauté ;
- au sexisme, sous toutes ses formes ;
- à ne pas vous montrer paternaliste ;
- à ne pas vous montrer arrogant ;
- à ne pas vous énerver ;
- à ne pas jurer de manière choquante – voir la Règle 4.8 ;

- à ne pas médire, rouspéter, raconter des cancans – voir les Règles 4.1/2/3 ;
- à ne pas laisser voir ce que vous pensez vraiment des gens.

Il pourrait être sage d'apprendre à ne parler que de manière occasionnelle plutôt que sans cesse. Si vous laissez votre langue s'emballer, vous augmentez vos risques de dire ce qu'il ne faut pas. Si vous réfléchissez soigneusement avant de parler, faites des pauses et avez la possibilité de tenir votre langue, il y a des chances, alors, que votre élocution soit parfaite, que vos propos soient préparés avec soin et que vous ne disiez que des choses sensées. Vous vous ferez ainsi la réputation de quelqu'un de sage et de mûr. Les gens viendront vous demander votre avis et vos conseils parce qu'ils sauront que vous réfléchissez à ce que vous allez dire et ne bavardez pas sans réfléchir. Ils vous feront confiance. Une fois qu'on vous fera confiance, vous serez un candidat naturel aux promotions et au succès.

Assurez-vous que ce que vous allez dire fait impression et ne s'égare pas dans le tohu-bohu général du bureau. Ne bavardez pas à propos de ce que vous avez regardé à la télé la veille au soir – pour dire la vérité, cela n'intéresse personne –, restez silencieux jusqu'à ce que vous ayez quelque chose de significatif à offrir.

> TOUT VOTRE TRAVAIL PEUT ÊTRE RAVAGÉ, DÉTRUIT PAR UN MOT MALADROIT OU UN INSTANT D'INATTENTION

RÈGLE 5

FAITES ATTENTION À VOUS

La plupart des gens avec qui vous avez affaire sont probablement des personnes convenables et agréables à fréquenter. Toutefois, vous aurez sûrement aussi à traiter avec des gens moins recommandables. Vous ne pouvez les éviter – les salauds, les collègues jaloux, ceux qui utiliseront n'importe quelle opportunité pour vous poignarder dans le dos ou vous dénigrer. Ils vous descendront en flèche à la première occasion qui se présentera. Faites en sorte que votre nouvelle image ne fasse pas de vous une cible. L'objet de cette règle est de réduire au minimum vos ennemis et de garder une longueur d'avance. Souvent, en devenant quelqu'un qui réussit, vous suscitez de la jalousie et de l'envie. Vous éviterez ces réactions et vous vous protégerez contre ses effets nuisibles en travaillant sur cette règle.

Règle 5.1

CONNAISSEZ L'ÉTHIQUE APPLICABLE DANS VOTRE ENTREPRISE

Que faites-vous dans la vie ? Je ne veux pas parler de votre travail réel. Je veux dire : quelle est votre contribution à la société, à la communauté des hommes ? Votre contribution est-elle positive, bénéfique, salutaire ? Ou bien est-elle nuisible, négative, préjudiciable ? Que fait votre entreprise ? Dans quelle mesure êtes-vous en accord avec elle ? Avez-vous réfléchi à l'éthique de votre entreprise ?

Qu'est-ce que j'entends par *éthique* ? L'éthique est la morale de votre secteur d'activité – ce qui se fait et ce qui ne se fait pas, le bien et le mal. Votre entreprise a-t-elle un bon ou un mauvais impact sur la société ? Cause-t-elle des dommages ou répare-t-elle ? Apporte-t-elle quelque chose de positif à la société ou en retire-t-elle simplement du profit ?

Non, vous n'avez pas besoin de partir si vous venez soudainement de réaliser que l'entreprise pour laquelle vous travaillez est dégueulasse. Vous pouvez contribuer à faire changer les choses de l'intérieur. Nous ne parlons pas ici des questions environnementales, même si elles sont un sujet d'inquiétude pour beaucoup d'entre nous. Je veux, à la place, que vous vous concentriez sur ce que fait votre entreprise d'un point de vue moral.

Évidemment, si vous trouvez que l'éthique de votre entreprise est insuffisante – cela m'est arrivé et je suis parti – et que vous ne puissiez tout simplement pas vivre avec, alors quittez votre entreprise. Vous aurez eu de bonnes vibrations et vous en bénéficierez même si vous serez perdant financièrement.

Il y aura du bon et du mauvais au sein de votre entreprise. On vous demandera, à l'occasion, de franchir la ligne et de faire de mauvaises choses. Bien évidemment, vous aurez lu la Règle 5.3 : *Fixez-vous des normes personnelles*, mais il s'agit ici de contribuer à l'établissement de standards pour votre entrepise plutôt que pour vous-même. Vous devez faire savoir que, d'un point de vue moral, éthique, ce qu'on vous demande de faire est mauvais pour l'entreprise. Répondez invariablement : « Qu'en dirait la presse si elle en avait vent ? » ; et proposez un titre d'article pour illustrer la situation : « Harpagon SARL remplace les ouvriers virés par de la main-d'œuvre asiatique surexploitée ».

Vous pouvez aussi refuser de faire ce qu'on vous demande, mais on vous collera peut-être l'étiquette de mauviette qui a peur de se salir les mains et l'on dira que vous n'avez pas de tripes. Soyez plus malin : mettez en avant les implications pour l'entreprise d'un comportement contraire à l'éthique. Vous devez jouer le rôle d'une sonnette d'alarme : « Hé, qu'en ferait la presse ? » De cette manière, vous continuerez de faire partie des hommes et des femmes de l'entreprise tout en continuant de jouer la carte éthique. Vous serez tout à la fois l'un des nôtres et l'un des leurs.

Pour arriver à cela, vous devez connaître l'éthique applicable dans votre entreprise et savoir en quoi cette éthique contribue au bon fonctionnement de la société. Faites vos recherches maintenant.

Règle 5.2

Connaissez les textes juridiques applicables dans votre entreprise

Votre société contrevient-elle à certaines lois et règlements ? Contrevenez-vous à certaines lois et règlements ? Connaissez-vous les textes juridiques applicables à votre entreprise ?

Je travaillais à un moment pour une entreprise qui se comportait, initialement, de manière remarquablement correcte. Elle s'enorgueillissait d'être à l'origine de normes, chose nouvelle dans l'industrie. Après quelques années, elle changea soudainement de direction et Dr Jekyll fit place à M. Hyde. C'était très étrange et je n'ai pas compris pourquoi. Les membres seniors du conseil n'avaient pas tous été remplacés et le changement de comportement ne semblait pas dicté par les circonstances – nous n'étions pas en train de nous battre pour notre survie. Mais soudain, les lois étaient violées – et je parle bien de lois. Je me retrouvai soudain en train de travailler pour une société véreuse, corrompue. Que faire ? Je fermai les yeux quelque temps, puis on finit par me demander, à moi aussi, de violer les lois. Je partis. Je préservai ainsi mon honneur et ma réputation et allai travailler pour l'entreprise rivale. Une fois là-bas, on me posa des questions sur mon ancienne société et sur ce qui se passait, mais je ne donnais aucune information qui aurait permis à mes nouveaux patrons d'avoir des armes contre mon ancienne société. Je ne sais pas pourquoi, mais il semblait honorable de garder le silence sur ce que je savais. J'étais ravi de parler de la manière dont elle faisait des affaires, mais sans aborder la manière dont elle flirtait avec l'illégalité.

Quelques années plus tard, la société pour laquelle je travaillais fut rachetée par ma vieille bande de corrompus. Ils s'étaient, à cette époque, déjà fait attraper, punir et ils s'étaient acheté une conduite. Voulais-je de nouveau travailler pour eux ? Pas particulièrement. Mais je passai un entretien avec un administrateur senior qui me dit être content de m'avoir à bord : « Au moins, vous savez vous taire », me dit-il. Chassez le naturel, il revient au galop. Je décidai à nouveau de partir.

Alors, à quel point votre entreprise est-elle propre ? À quel point est-elle honnête ? Vous devez savoir ce qu'on risque de vous demander de faire, ce qui est légal et ce qui ne l'est pas. Certains secteurs d'activités sont tellement régulés, jusque dans les détails les plus infimes, que vous risquez de vous trouver dans l'illégalité presque sans le réaliser. Mais vous devez le réaliser. Pour être un « adepte des Règles », vous devez vous montrer plus propre que propre, au-delà de toute suspicion et ne jamais permettre qu'on fasse de vous un bouc émissaire. S'ils cherchent un pigeon, faites en sorte que ce ne soit pas vous. Assurez-vous que vous vous tenez clairement du bon côté de la ligne et ne la franchissez pas par accident.

C'est une chose de décider de violer les lois et les règlements, mais ce serait affreux de finir en prison parce que vous ne saviez pas. Mieux vaut être un détenu intelligent qu'un détenu stupide – « Mais, je l'ignorais », n'a jamais été un moyen de défense efficace.

Règle 5.3

Fixez-vous des normes personnelles

Parvenez-vous à dormir la nuit ? Moi, je dors très bien, mais c'est peut-être parce que je me fixe des normes personnelles que je mets un point d'honneur à respecter.

- Je ne ferai pas sciemment de mal à d'autres êtres humains et ne leur poserai pas d'obstacles dans la poursuite de leur carrière.

- Je ne violerai pas sciemment de lois ni de règlements pour servir ma carrière.

- Je disposerai d'un code moral que je respecterai en toutes circonstances.

- Je m'efforcerai, grâce à mon travail, de fournir une contribution positive à l'entreprise.

- Je ne ferai rien dont j'aurais honte de parler à mes enfants.

- Je ferai toujours passer ma famille en premier.

- Je ne travaillerai pas le soir et les week-ends, sauf en cas d'urgence et après en avoir discuté avec mon associé ou mon patron.

- Je ne jouerai de sale tour à personne pour servir ma carrière.
- Je m'efforcerai toujours d'avoir une contribution positive sur mon environnement.
- Je transmettrai gratuitement et ouvertement tout savoir-faire, toute connaissance et toute expérience à quiconque pourrait en bénéficier à l'intérieur de la même entreprise. Je ne monopolise pas l'information juste pour le plaisir.
- Je ne jalouserai le succès d'aucun de mes collègues.
- Je m'interrogerai constamment sur les implications à long terme de ce que je fais.
- J'appliquerai les Règles à tout moment.

Ce code de conduite constitue mes normes personnelles. Il se peut qu'il ne vous convienne pas. Vous aurez peut-être besoin, ou disposez peut-être déjà, d'un code meilleur. J'espère que vous n'opterez pas pour un pire. Nous devons nous efforcer, à tout moment, de montrer le meilleur de nous-même.

NOUS DEVONS NOUS EFFORCER À TOUT MOMENT DE MONTRER LE MEILLEUR DE NOUS-MÊME

Règle 5.4

Ne mentez jamais

À l'instar de la Règle 4.8 : *Ne jurez pas*, cette règle est très facile à appliquer. Elle établit une limite à laquelle vous n'avez pas besoin de réfléchir. Ne mentez jamais ne signifie rien d'autre que cela : ne mentez jamais. Vous ne devez mentir en aucune circonstance. Une fois que vous aurez la réputation de quelqu'un qui ne ment jamais, on ne vous demandera jamais de dissimuler quelque chose ou de protéger qui que ce soit.

Si vous choisissez de gagner votre vie en mentant, vous aurez trop de choix à faire et devrez prendre trop de décisions. Où placez-vous la limite ? Vous contentez-vous de petits mensonges ? d'énormes mensonges ? Mentez-vous pour vous tirer d'affaire ? pour sauver d'autres personnes ? Mentez-vous pour le compte de votre société ? Pour le compte de votre patron ? Pour le compte de vos collègues ? À quel point vos mensonges seront-ils élaborés ? Continuerez-vous à mentir pour vous protéger, au moment où le premier mensonge est sur le point d'être détecté ? Où vous arrêterez-vous ? Impliquerez-vous d'autres personnes dans vos mensonges ? Ou vous conduirez-vous en menteur solitaire ?

Vous voyez le problème ? Si votre règle est simple – ne jamais mentir – vous disposez d'un réglage par défaut qui n'exige aucune réflexion, aucun choix, aucune décision, aucune alternative, aucune sélection, aucune préférence.

Ne jamais mentir vous épargne également la culpabilité, la peur, les récriminations, vous évite de devoir vous souvenir de vos mensonges, le risque d'être puni, renvoyé ou embarrassé, d'ostraciser vos collègues, de mettre votre famille en danger, de courir le risque de poursuites pénales et de ne pas dormir la nuit.

Ne jamais mentir constitue réellement l'approche la plus simple, la plus propre et la plus honnête dans votre vie professionnelle et dans votre carrière.

Bien sûr, il est possible d'embellir et de mettre en valeur votre CV, votre expérience et votre enthousiasme, mais je vous en prie, n'allez pas jusqu'à mentir ; je peux vous garantir qu'on vous découvrira.

Si je propose un livre à un éditeur et qu'il me demande comment il est, je ne lui réponds pas : « Je crois qu'il est bien. » Je lui dis avec assurance : « Il est excellent, tout simplement excellent. Il se vendra extrêmement bien. Il pourrait être le best-seller que vous attendez. » Est-ce que je mens en disant cela ? Pas vraiment. Je n'écrirais pas ce livre si je ne pensais pas qu'il était excellent. Se vendra-t-il aussi bien que cela ? Peut-être. Qui suis-je pour en être certain ? Le marché est inconstant. Est-ce que je mens en disant qu'il se vendra très bien ? Non.

Vous pouvez vanter vos qualités, votre savoir-faire et votre expérience ; la seule limite est de ne pas mentir. Et j'entends par mensonge tout ce qui peut être infirmé catégoriquement au moyen de preuves certaines et irréfutables. Affirmer *être diplômé* programmeur informatique est un mensonge si vous ne l'êtes pas. Affirmer être un génie de la programmation informatique n'en est pas un parce que c'est une question de jugement plutôt que de faits. Mais en cas de doute : ne mentez jamais et n'embellissez jamais les choses si vous n'arrivez pas à réfléchir vite.

> VOUS POUVEZ VANTER VOS QUALITÉS, VOTRE SAVOIR-FAIRE ET VOTRE EXPÉRIENCE : LA SEULE LIMITE EST DE NE PAS MENTIR

Règle 5.5

Ne couvrez jamais personne

Être un « adepte des Règles » signifie que vous visez la perfection, que vous vous fixez des normes personnelles extrêmement élevées. D'autres n'auront pas les mêmes normes – bien entendu, ils ne réussiront pas aussi bien que vous –, mais ils vous demanderont peut-être de modérer la rigueur de vos normes ou de vous impliquer dans leurs entourloupes. Qu'allez-vous faire ? Une fois encore, il suffit de vous satisfaire d'un simple réglage par défaut : vous ne couvrez personne, jamais, en aucune circonstance.

De cette manière, les choses sont simples. Vous n'avez pas besoin de réfléchir. Vous n'avez pas de choix à faire ni de décisions à prendre. Vous connaissez exactement votre place. Vous avez fait savoir à vos collègues exactement leurs places. Vous avez fait savoir à votre patron que vous ne couvrirez personne et, par conséquent, vous vous trouvez au-dessus de tout soupçon, digne de confiance, sérieux, au-delà de tout reproche.

Couvrir les autres compliquera tellement votre vie que cela ne peut vraiment en valoir la peine. Par exemple, couvrirez-vous seulement vos collègues proches ou quiconque le demande ? Couvrirez-vous seulement les petits incidents ou irez-vous jusqu'à dissimuler les gros problèmes ? Couvrirez-vous une fraude ? Une négligence pénalement répréhensible ? Que direz-vous et que ferez-vous le jour où vous serez découvert ? Comment expliquerez-vous à votre famille que vous vous êtes fait renvoyer ?

Comment gérer les choses lorsqu'on vous demande de couvrir un collègue proche, qui peut bien être aussi un ami ? Vous pouvez montrer une relative assurance et vous contenter de dire : « Non. » Vous n'avez pas à vous justifier. Vous pouvez également amortir le choc en répondant à votre interlocuteur : « Ne me demande pas de faire ça, s'il te plaît, sinon je vais devoir te répondre non », pour lui laisser une issue de secours et lui permettre de sauver la face.

Après, cela sera plus facile, car vous vous serez fait la réputation de ne couvrir personne. La partie la plus délicate est d'ignorer le chantage affectif qui accompagne souvent la demande de couvrir quelqu'un. Mais en réalité il est facile de l'ignorer : si les gens font suffisamment peu de cas de vous pour recourir à cette technique, alors pourquoi diable n'auriez-vous pas le droit de les éconduire ? Ils se sont déjà mis dans le pétrin en recourant à cette approche avec vous.

S'ils font pression sur vous, adoptez la technique du disque rayé et contentez-vous de répéter : « Non, je ne peux pas, ne me demande pas cela. Non, je ne peux pas, ne me demande pas cela. » Ils craqueront avant vous. Souvenez-vous toujours qu'un véritable ami ne vous demandera jamais de le couvrir.

Règle 5.6

NOTEZ TOUT

Lorsqu'un éditeur et moi convenons de faire un livre ensemble, nous établissons un contrat. Celui-ci précise tout ce qui risquerait d'être oublié en cours de route. Ainsi, lorsque je remets le manuscrit et que l'éditeur dit : « Mais cela ne fait que 100 pages et je pensais que nous nous étions mis d'accord sur 200 », je peux produire le contrat et trouver la clause qui mentionne clairement que le livre doit faire cent pages, compter tant de mots ou autre chose.

Si votre patron vous demande de faire quelque chose et que vous le notez – devant lui – il aura beaucoup de mal par la suite à prétendre que vous l'avez mal fait ou que vous êtes en retard.

Si vous devez rendre un rapport, remettez à votre patron un mémo court ou une note qui souligne les faits saillants, quelque chose de très bref, afin qu'il n'y ait pas de confusion par la suite. Gardez-en copie. Assurez-vous qu'il sache que vous en avez gardé copie.

Cette technique n'a pas pour objet de vous protéger parce que vous mijotez un mauvais coup, mais de clarifier toute difficulté. Si les choses sont écrites, votre travail est beaucoup plus simple et plus facile. Qui peut contester un mémo écrit ?

En réalité, vos notes pourraient être contrefaites, écrites après coup, changées, modifiées et/ou réécrites mais nous assumons tous que ce n'est pas le cas, qu'elles sont infalsifiables.

Il arrive, étonnamment souvent, que le plus petit détail soit à l'origine d'un bouleversement important – à moins qu'il n'ait été écrit dès le départ. Mettre par écrit ne relève pas de la maniaquerie, mais de la précaution raisonnable. Personne n'a une mémoire parfaite. Nous oublions tous des choses – dates, heures, coordonnées. En revanche, lorsqu'une information est notée, il nous est possible de nous y référer par la suite. Et nous sommes souvent surpris par la mauvaise qualité de ce dont nous nous souvenons.

Les auteurs des livres sur le management conseillent souvent de jeter tout mémo, courrier électronique, toute télécopie, au-delà d'une certaine durée. Ils disent : « Si vous ne l'avez pas regardé pendant six mois, alors vous n'en avez plus besoin. » C'est une hérésie ! Conservez tout. Faites plus d'espace pour le classement plutôt que de jeter quelque chose, à moins et jusqu'à ce que vous soyez certain à cent pour cent qu'elle n'est plus nécessaire. J'ai eu une fois une dispute importante avec un éditeur (pas celui qui a édité ce livre, bien sûr) à propos d'un livre que j'avais écrit pour lui cinq ans auparavant. Le différend n'était pas couvert par le contrat. Mais j'avais conservé mes notes originales et ai pu les produire – j'ai eu l'impression de retourner à l'école et d'exposer une démonstration pendant un cours de maths – et j'ai pu démontrer que ce qu'il avait publié correspondait exactement à ce qu'il m'avait demandé. J'étais tiré d'affaire. Vous ne m'y prendrez pas à jeter quoi que ce soit. Pas question.

Règle 5.7

Sachez faire la différence entre la vérité et toute la vérité

Bien que nous nous soyons assurés que vous n'allez jamais, au grand jamais, mentir et que, quoi qu'il arrive, vous ne couvrirez pas vos collègues, vous n'avez pas besoin de fournir spontanément des informations, à moins que cela ne vous aide directement. Savoir qu'un collègue a fait une erreur ne signifie pas que vous deviez courir vers votre patron et le dénoncer. Au lieu de cela, il peut parfois être bénéfique de vous tenir en arrière et de regarder comment les choses évoluent. Si votre collègue sait que vous savez et si vous ne dites rien, peut-être pourrez-vous par la suite lui rappeler la faveur que vous lui avez faite.

Et, bien sûr, si on vous pose la question, ne mentez pas. Mais une fois encore, sachez faire la différence entre la vérité et toute la vérité. Ne pas mentir est une chose, vomir tout ce que vous savez en est une autre. Il est parfois payant de ne pas dire toute la vérité. Ce qui est merveilleux quand on est un « adepte des Règles » c'est qu'on avance, qu'on réussit et qu'on continue d'être capable de vivre avec soi-même, bref, d'être quelqu'un de profondément sympathique. Cela signifie que vous ne mentez pas et ne couvrez pas les autres, mais cela signifie aussi que vous n'espionnez pas vos collègues, ne les dénoncez pas, ne les trahissez pas, ne leur jouez pas de mauvais tours, ne les vendez pas, ne mouchardez pas, ne les faites pas tomber.

Écoutez, nous vivons dans la réalité et il arrive que les loups se mangent entre eux. Prenez garde : il existe des personnages vraiment peu recommandables. Il se peut qu'autour de vous certains se montrent impitoyables, mais vous n'avez pas besoin de faire comme eux. Il n'est pas non plus nécessaire de vous comporter comme le protégé du patron. Restez attentif à tout moment et sachez quand vendre la mèche et quand vous taire.

Je suppose que vous devez vous faire diplomate – en sachant quoi dire et quand ; expert en arts martiaux – en réfléchissant vite ; thérapeute – en permettant aux autres de vous faire part de leurs problèmes, mais en gardant les vôtres pour vous ; et maître zen – en voyant tout, sachant tout et parlant peu.

Et lorsque quelqu'un vous demande votre avis, vous devez comprendre ce qu'il veut vraiment savoir. Veut-il vraiment savoir la vérité ? « Ton rapport est nul. » Ou bien une version limitée de la vérité ? « Ton rapport est bien, il fera l'affaire. » Une version arrangée de la vérité ? « Ton rapport est bien mais tu es passé à côté de beaucoup de choses. » Une version rassurante de la vérité ? « Ton rapport est vraiment bien et je l'apprécie et je t'apprécie parce que ton rapport est vraiment bien. » Ou la vérité nue ? « Je n'ai pas encore eu le temps de le lire parce que je ne t'apprécie pas et que je pense que ton rapport sera sûrement ennuyeux ; en fait, aussi ennuyeux que toi. »

Règle 5.8

Cultivez ceux qui vous soutiennent, vos contacts et vos amitiés

Si vous ne couvrez pas les gens, à quoi leur servez-vous ? Comme je vous l'ai dit, nous vivons dans la réalité et les gens attendent beaucoup de vous. Ils veulent que vous leur rendiez des services. Ils veulent que vous payiez les pots cassés, que vous les couvriez, fassiez leur sale travail et les protégiez ; tout cela simultanément. Mais vous êtes maintenant un « adepte des Règles » et cela vous emmène à l'extérieur de la sphère des petites guerres de bureau. Vous êtes maintenant une personne autonome. Vous ne vous nourrissez pas avec les requins et vous évitez de leur servir de pâture. Qu'êtes-vous et à quoi servez-vous ?

Vous êtes un réservoir de calme, l'œil du cyclone. Vous êtes la force de l'équipe sur qui on peut compter, le pilier inébranlable. Vous êtes le réglage par défaut, le facteur honnêteté, la norme à laquelle tous les autres collègues se mesurent. Vous pensez que quelque chose fait partie d'une zone interdite ? Ils sauront alors que c'est le cas. Vous tournez le dos à une situation délicate ? Eux aussi sauront qu'il ne faut pas y toucher. Vous dites que ça va ? Alors ils sauront qu'ils peuvent y aller.

Vous avez créé vos propres normes, à l'aune desquelles vous mesurez tout. Vous ne me croyez pas ? Essayez, ça marche.

Et parce que vous êtes tellement sérieux, honnête, digne de confiance, vos collègues en viendront rapidement à compter sur vous lorsqu'ils auront besoin de conseils et de recommandations. Toutefois, ne donnez rien gratuitement. Chaque félicitation, chaque coup de pouce, chaque séance de conseils et astuces utiles, chaque recommandation, a un prix : la loyauté. Vous pouvez ne pas chasser avec la meute mais, bon sang, les autres ont intérêt à savoir qui est vraiment le chef de meute. Oui, vous. Comment parvenir à cela ? Par la bonté, la considération et un comportement droit. Ne les laissez jamais tomber. Ne les dénoncez pas. Ne les faites pas tomber. Montrez-vous toujours joyeux, soutenez toujours les autres, soyez toujours loyal – ne mentez pas et ne couvrez pas les autres, mais serrez les rangs si vous le pouvez. Soyez protecteur, coopératif, bienveillant et montrez que vous vous intéressez sincèrement à eux en tant qu'êtres humains. Ils vous mangeront dans la main. Pourquoi ? Parce que ce jeu est rarement joué. Il est tellement inhabituel de jouer le jeu avec droiture que les autres seront sans défense, sans protection. Il existe peu d'ouvrage de formation au management ou de cours qui vous enseignent à être gentil, droit, honnête. La sagesse non dite veut en général que vous soyez impitoyable, que vous profitiez des autres. « Les loups se mangent entre eux » est la loi tacite. En conséquence, tout le monde réfléchit à la manière des loups et non comme des êtres humains. Montrez-leur comment les choses devraient être et ils vous suivront partout.

Règle 5.9

COMPRENEZ LES MOTIVATIONS DES AUTRES

Savez-vous ce qui vous motive ? Nous savons que vous êtes un « adepte des Règles », c'est-à-dire que vous êtes honnête, appliqué, dur à l'ouvrage, enthousiaste, couronné de succès et que vous vous automotivez. Vous prenez plaisir à accomplir votre travail fabuleusement bien, à impressionner vos patrons, à gagner le respect de vos collègues, l'admiration et la loyauté des gens qui sont au-dessous de vous. Vous rentrez chez vous le soir en sachant que vous avez accompli une bonne journée de travail, que vous vous êtes montré agréable avec tous et que vous êtes une personne vraiment bien. Vous dormez bien la nuit parce que vous n'avez joué de mauvais tour à personne, que vous n'avez contrevenu à aucune loi et que vous vous comportez bien en toutes circonstances. Vous gagnez bien votre vie, mais l'argent n'est pas votre moteur : vous êtes motivé par le besoin d'être vraiment le meilleur, le meilleur qui soit. Mais qu'est-ce qui les motive, eux ? Ah, pour réussir vraiment, vous devrez comprendre les motivations des autres.

Comprendre leurs motivations signifie que vous devez pénétrer dans le monde sombre et nébuleux de la psychologie. Ce qui fait vibrer les autres peut être très divers :

- le pouvoir ;

- l'argent ;
- le prestige ;
- le sentiment de revanche ;
- le besoin de faire du mal ;
- le besoin d'être aimé.

Quelles que soient leurs motivations, je peux parier que « les autres » ne sont pas des « adeptes des Règles » parce que ces derniers se repèrent de loin. Ils sont distants, calmes, responsables, dignes et raffinés. Il convient de traiter avec prudence les personnes qui sont motivées par le besoin, la peur et l'avidité. Vous devez vous assurer d'être bien vu d'elles sans vous montrer trop servile, de déjouer leurs manœuvres sans sombrer à leur niveau et sans vous montrer paranoïaque. Regardez maintenant dans votre bureau et identifiez ce qui motive chacun de vos collègues, faites la même chose pour votre patron et le patron de votre patron. Apprenez à reconnaître leurs motivations et vous serez capable de les gérer facilement. La connaissance est le pouvoir.

IL CONVIENT DE TRAITER AVEC PRUDENCE LES PERSONNES QUI SONT MOTIVÉES PAR LE BESOIN, LA PEUR ET L'AVIDITÉ

Règle 5.10

Supposez que tous les autres appliquent des règles différentes

Nous savons donc quelles règles vous appliquez, mais qu'en est-il des autres ? Quelles sont leurs normes ? Quel ensemble de règles appliquent-ils, à quel tempo marchent-ils ? Il y a des chances qu'ils inventent leurs règles au fur et à mesure de leur avancée. Cela les rend imprévisibles et fantasques.

Tout le monde n'a pas des principes d'honnêteté et de moralité aussi élevés que les vôtres. Évidemment, certaines personnes sont gentilles et dignes – à votre instar – et parviendront toujours à s'élever dans l'échelle de l'entreprise. Mais il existe également de nombreuses personnes dont les règles sont suspectes.

L'ensemble de règles dont vous disposez maintenant doit rester secret. Si vous révélez vos règles, vous manquez aux règles. Vous ne vous tromperez pas beaucoup en supposant que tous les autres appliquent des règles différentes. Vous n'avez pas besoin de supposer que leurs règles sont meilleures ou moins bonnes que les vôtres, elles sont juste différentes. Si vous supposez que leurs règles sont identiques aux vôtres ou meilleures que les vôtres, vous serez constamment déçu, désenchanté, attristé et peiné.

Si vous supposez que leurs règles sont moins bonnes que les vôtres, vous deviendrez méfiant, inquiet, paranoïaque, soupçonneux et sceptique.

Supposer que leurs règles sont différentes, sans présumer de ce qu'elles sont, vous permet de rester ouvert et réceptif, prudent mais plein d'attente, accessible sans être excessivement confiant, réceptif sans être crédule.

Vous devez adopter le comportement d'un champion d'arts martiaux :

- soyez vigilant et prêt, mais sans avoir les muscles tendus et sans vous montrer agressif ;
- restez souple et plein d'aisance, bougez comme un chat et esquivez tout ce qui est jeté sur votre chemin sans jamais adopter une position belliqueuse ;
- tenez-vous prêt à tout en gardant les pieds sur terre et en restant concentré.

L'ENSEMBLE DE RÈGLES DONT VOUS DISPOSEZ MAINTENANT DOIT RESTER SECRET. SI VOUS RÉVÉLEZ VOS RÈGLES, VOUS MANQUEZ AUX RÈGLES

RÈGLE 6

MÉLANGEZ-VOUS AUX AUTRES

Personne n'aime le mouton noir, le corbeau blanc ou le poisson qui nage en sens inverse du reste du banc. La Règle 6 vous enseigne comment vous mélanger aux autres, comment devenir « l'un d'eux » afin de ne pas vous détacher des autres. Vous pouvez vous démarquer en étant le leader de la bande – vous êtes le meilleur et le plus efficient –, mais vous resterez quand même « un des leurs », parce que vous savez comment vous mélanger aux autres.

Règle 6.1

CONNAISSEZ LA CULTURE D'ENTREPRISE

Chaque société, entreprise, industrie et même chaque petit bureau a une culture. Connaître cette culture est la clé de la réussite. La connaissance, c'est le pouvoir.

La culture, c'est la manière dont les gens font les choses. Cette culture est parfois orchestrée par l'entreprise, mais elle est le plus souvent générée par les hommes – elle grandit de manière organique, sans plan et sans stratégie. Si vous ne connaissez pas cette culture – ou ne l'utilisez pas –, vous risquez de finir par passer pour un idiot et il sera alors facile d'abuser de vous et de vous déprécier.

Gardez à l'esprit qu'environ soixante-dix pour cent de l'ensemble des licenciements ne tiennent pas au fait que les gens ne travaillent pas correctement, mais au fait qu'ils ne connaissent pas la culture d'entreprise : ils ne cadrent pas.

Pensez à cette annonce pour un prestigieux bureau de design, le BMD. Lorsque Bruce Mau, le propriétaire de la société, souhaitait recruter du personnel, il publiait un quiz d'une quarantaine de questions, dont : « Qui a créé un film basé sur la couleur bleue ? »

L'annonce de Bruce était intitulée « Évitez les champs clos. Franchissez les barrières ». Il arrivait de cette manière à attirer par la ruse certains des meilleurs et des plus talentueux grands designers pour qu'ils viennent travailler pour lui ou plutôt *avec* lui – c'est ainsi qu'il décrivait sa relation de travail avec ses employés.

Maintenant, à votre avis, quelle est la culture d'entreprise que Bruce attend, veut, obtient ? Comment vous insérereriez-vous dans cette culture ? Que pensez-vous que Bruce attendrait de vous ?

Vous n'avez pas besoin de croire à la culture d'entreprise, vous n'avez pas besoin d'avoir foi en elle ; tout ce que vous devez faire, c'est cadrer avec elle. S'ils jouent tous au golf, alors jouez au golf. Je sais que vous détestez le golf, mais vous jouerez au golf si c'est ce que vous devez faire pour cadrer avec la culture d'entreprise. Maintenant vous pouvez, bien sûr, vous demander si vous voulez être là où on joue au golf. Mais si vous êtes un « adepte des Règles », que vous souhaitiez progresser et réussir et que vous vouliez devenir partie intégrante d'une société dans laquelle jouer au golf constitue la culture d'entreprise, vous *devez* jouer au golf.

VOUS N'AVEZ PAS BESOIN DE CROIRE À LA CULTURE D'ENTREPRISE, VOUS N'AVEZ PAS BESOIN D'AVOIR FOI EN ELLE : TOUT CE QUE VOUS DEVEZ FAIRE, C'EST CADRER AVEC ELLE

Règle 6.2

Parlez la langue de l'entreprise

Cadrer signifie être capable de se conformer à la culture d'entreprise ; or, parler la langue est une partie importante de la culture d'entreprise. Vous risquez de perdre la partie si vous n'utilisez pas le bon jargon ou si vous employez un jargon informatique au mauvais moment. S'ils se servent tous d'un jargon débile, alors vous aussi devez l'utiliser. Non, ce n'est ni l'heure ni le lieu d'examiner si vous souhaitez travailler pour une entreprise débile ; vous ferez cela seul, lors d'un moment d'introspection au petit matin quand vous n'arrivez pas à dormir.

Si le patron utilise le terme « PPRs » pour parler de personnel/produit/ratios, alors vous aussi devez parler de PPRs. Ce n'est pas à vous d'assurer l'éducation de vos collègues, ni de les rééduquer, ni de les informer, ni de leur enseigner ce que vous savez, ni de leur donner un peu de classe, ni de les tirer vers le haut, ni d'arrêter le processus de nivellement par le bas ou de les instruire. Vous devez parler le langage qui est parlé dans l'entreprise. Je sais qu'il y aura des moments où cela vous donnera envie de hurler ; mais vous devez parler ce langage.

J'ai travaillé à un moment donné pour un patron italien qui, du fait de sa mauvaise connaissance de l'anglais, appelait les clients « clienters », mélangeant les termes « clients » et « customers ». Parce que c'était le patron, ce terme ridicule a été adopté par tous les salariés, et chaque membre du personnel, depuis le directeur général jusqu'au portier, parlait de « clienters ». J'aurais pu hurler : « Non, non, non, ce n'est pas cela, arrêtez immédiatement. » Cela m'aurait bien avancé ! Les « clienters » m'accompagnèrent tout le temps où je travaillai dans la société et je détestais ce terme chaque fois que je l'entendais. Mais je connaissais les Règles et j'appelais aussi les clients des « clienters ».

Passez un peu de temps à écouter comment vos collègues utilisent le langage. Parlent-ils un français châtié ou un français mâtiné d'expressions locales ? Je ne veux pas parler des accents, mais des « clienters » ou autres expressions inventées qui, d'une manière ou d'une autre, fleurissent dans chaque entreprise. J'ai aussi travaillé avec un Américain qui parlait de travailler aussi dur qu'un Mexicain. C'était sa manière à lui d'être politiquement correct, en tout cas le pensait-il. C'était, bien entendu, tout aussi faux et injurieux. Toutefois, comme il possédait la société, le terme de « Mexicain » était employé couramment.

Le seul cas où vous devez déroger à cette règle concerne les jurons. Les Règles disent de ne pas jurer, mais que faites-vous lorsque la culture d'entreprise veut que tout le monde jure ? Réponse : ne jurez pas. La Règle 4.8 l'emporte dans ce cas sur la Règle 6.2.

S'ILS SE SERVENT TOUS D'UN JARGON DÉBILE,
ALORS VOUS AUSSI DEVEZ L'UTILISER

Règle 6.3

Habillez-vous avec élégance ou décontraction selon les circonstances

Nous avons dit précédemment que vous deviez toujours vous habiller avec élégance, style, chic, mais que devez-vous faire si vous travaillez dans une entreprise de design où tout le monde s'habille en jeans et T-shirt ? La réponse est simple : vous devez également porter des jeans. Assurez-vous simplement que vos jeans soient les plus élégants, les plus chics, les plus à la mode, les plus modernes. Et surtout ne les repassez pas, pas de plis, pour l'amour de Dieu !

Regardez ce que font les autres. Si, lors d'une réunion, les gens enlèvent leur veste et remontent leurs manches, alors imitez-les. Si la réunion est très formelle et que les gens gardent leur veste, gardez la vôtre également. Je sais que cela peut paraître évident, mais vous seriez surpris, en regardant autour de vous en réunion, de la fréquence à laquelle vous verrez une personne marcher à un rythme différent (bien entendu, cette personne est mise à l'écart par les autres).

Dans une plus ou moins grande mesure, nous devons tous faire partie du troupeau, nous intégrer, nous fondre dans la masse, nous camoufler afin de ne pas attirer l'attention sur nous. Bien entendu, si votre patron retire sa veste, alors vous pouvez faire de même. Mais ne vous transformez pas en clone et n'imitez pas sans réfléchir ce que tous les autres font. J'ai dit qu'il fallait s'habiller selon les circonstances, mais c'est une attitude à adopter de manière générale, et non tout le temps.

J'ai toujours trouvé préférable de m'asseoir quelques instants au fond de la salle, pour voir ce que les autres faisaient, plutôt que d'être le premier à suivre le lemming de tête. Tenez-vous quelques instants en retrait : cela permet de voir que ce que vous preniez pour une opportunité n'est pas une chance de promotion, mais une falaise ou un tremplin sans eau dessous.

J'ai toujours trouvé utile de disposer d'un modèle qui me permette de vérifier ce que mon grand homme aurait fait dans telle ou telle circonstance ou quel type d'habit il aurait porté. Pendant une grande partie de ma vie professionnelle, je me suis servi de Cary Grant. Il est facile de se demander : « Est-ce que Cary aurait porté cela ? » Si la réponse est affirmative, alors foncez. Si la réponse est négative, alors n'y allez pas. Vous voyez comme c'est facile. Essayez Humphrey Bogart, mais dans *Casablanca* plutôt que dans *African Queen.*

Même si vos collègues s'habillent de manière décontractée pour répondre à la culture d'entreprise, vous pouvez toujours faire un effort : on peut être décontracté et chic ; favorisez les belles matières et les bonnes coupes.

Règle 6.4

Adaptez-vous aux personnes que vous gérez

C'est une bonne chose de faire le caméléon, en tout cas tant que vous y parvenez. Les gens sont tous différents et, si vous essayez de les traiter de manière identique, vous courez le risque de tous les offenser ou de n'en satisfaire aucun.

Cette règle est beaucoup plus facile à comprendre lorsqu'on a des enfants. Si vous avez plusieurs enfants, vous savez à quel point il est important de *ne pas* tous les traiter de la même manière. Chaque enfant a besoin de motivations différentes. Vous n'aurez qu'à vous montrer légèrement déçu pour faire réagir l'un mais vous devrez vous conduire en véritable tyran pour parvenir à faire habiller l'autre le matin.

J'ai cinq fils et une fille et je dois traiter chacun d'eux différemment. Parfois j'oublie et je les traite tous de la même manière ; ce qui les surprend et les blesse. Chacun a besoin que je sois différent, unique, spécial. En tant que manager, vous êtes une sorte de parent pour vos collaborateurs et devez les traiter comme des individus particuliers.

J'ai un jour fait semblant de me mettre en colère pour obtenir de mon patron quelque chose d'insignifiant. Le destinataire de cette colère organisée était si choqué qu'il a immédiatement cédé. Mais pour un certain nombre de patrons, une telle attitude aurait été intolérable et j'aurais été renvoyé immédiatement.

Lorsque j'étais directeur général, j'ai toujours senti que je pouvais obtenir le meilleur de mon personnel en me montrant relativement agréable et assez aimable. Mais certaines personnes ne réagissaient pas à ce genre d'attitude. Leurs préjugés sur le monde de l'entreprise étaient tels qu'elles ne pouvaient imaginer qu'un patron ne soit pas un complet salaud, qu'il leur crie dessus et leur dise quoi faire. Moi, je leur demandais comment elles allaient et je sollicitais leur avis. Mais ça ne marchait pas et j'ai dû me montrer désagréable avec elles pour arriver à les faire réagir. Il existe différentes manières d'agir pour s'adapter à différentes personnes.

Vous devez être adaptable, prêt à changer rapidement en fonction de ce qu'on exige de vous. Le parfait manager est celui qui a la capacité de changer de direction. Analysez comment vous vous comportez avec les gens. Êtes-vous toujours le même, quels que soient vos interlocuteurs et quelles que soient les circonstances ? Pouvez-vous vous adapter et changer volontiers et facilement ? Identifiez ceux qui, autour de vous, réussissent et regardez comment ils se comportent avec leurs collaborateurs.

Règle 6.5

Sachez où et quand traîner

Il existe toujours quelques endroits clés où les grands et les puissants de ce monde se rassemblent pour des occasions formelles ou informelles. Vous devez chercher quels sont ces endroits et les utiliser, car ce sont des lieux importants pour recueillir des informations, vous faire des contacts, vous faire voir et faire impression. À l'extérieur du bureau, ce sera un bar fréquenté par les grands chefs, un club de golf, le café local, tel ou tel restaurant, un club. Peu importe. Il est de votre devoir de connaître l'endroit où il faut être. Maintenant n'allez pas vous y précipiter et passer pour un con parfait. Vous devez repérer les lieux, reconnaître le terrain, afin de vous informer de tout ce que vous avez besoin de savoir avant de vous y rendre. Y a-t-il un code ou un style vestimentaire dans ce restaurant ? Existe-t-il une liste d'attente pour faire partie du club de golf ? Pouvez-vous vous rendre seul dans ce café ou devez-vous y aller avec votre conjoint ? Est-il facile d'appartenir au club ? Pouvez-vous simplement y traîner avec les patrons sans avoir l'air déplacé ? S'agit-il du genre de lieu où vous pouvez simplement vous trouver là par hasard – « Je ne fais que passer » – ou sera-t-il évident que vous traînez ici en attendant quelque chose ?

Cette règle est à manier avec prudence, mais vous devez savoir où les puissants se retrouvent et les conditions d'accès de ces lieux à part. Il y a des chances que vous décidiez de ne jamais vous y rendre. Pas de problème. Mais le simple fait de savoir où « ils » se rencontrent constituera un avantage dans une conversation ; la connaissance, c'est le pouvoir.

Il peut y avoir un couloir près de la machine à café ou de la photocopieuse où les patrons traînent. Vous pouvez toujours vous débrouiller pour passer par là par hasard. Faites connaître votre visage, faites connaître votre nom.

Dans certaines occasions, les patrons vont peut-être faire un saut dehors pour fumer. Même si vous ne fumez pas, vous pouvez toujours sortir et rejoindre le gang de fumeurs. Ou peut-être aiment-ils tous faire un tour au bar avant de se rendre à la conférence ou autre chose. Faites en sorte d'arriver le premier, afin de ne pas avoir besoin de justifier votre présence.

FAITES CONNAÎTRE VOTRE VISAGE, FAITES CONNAÎTRE VOTRE NOM

Règle 6.6

Comprenez les protocoles sociaux

Il existe des protocoles sociaux dans chaque société et sur chaque lieu de travail. Connaissez-les et utilisez-les. Ils peuvent être très simples...

- N'emmenez jamais votre conjoint aux fêtes du personnel.

- Venez toujours aux réunions du personnel qui se tiennent pendant vos jours de congés.

- Ne vous garez jamais sur les emplacements officieusement réservés au conjoint et aux enfants du DG.

- Mettez toujours un billet de cinq euros dans l'enveloppe qui circule pour le cadeau de départ, mais seulement quelques petites pièces pour les anniversaires.

- Ne prenez jamais le dernier beignet à la confiture qui reste dans le distributeur automatique avec votre café, parce que c'est celui de Sylvia ; ça l'a toujours été et ça le sera toujours.

- Référez-vous toujours au DG en l'appelant Charles lorsque vous êtes en face de lui, mais parlez de Charlie lorsque vous l'évoquez avec le reste du personnel, et de Monsieur Charles quand vous parlez avec son assistante.

• Vous pouvez commander du vin au déjeuner mais la bière est définitivement proscrite.

Vous ne connaîtrez peut-être jamais la provenance de certaines de ces règles non écrites. Charles s'est un jour fait frapper par un employé qui buvait de la bière, et du coup la bière a été proscrite au déjeuner ; Charles a un jour été mis dans une situation délicate lors d'une fête du personnel par la femme d'un manager junior qui lui faisait des avances auxquelles il n'était pas insensible, c'est pourquoi les conjoints ne sont plus invités.

Bien sûr, ces protocoles sociaux peuvent être évidents – Sylvia aime les beignets à la confiture et elle a, à la fois, l'influence et les ressources pour parvenir à ses fins –, mais ce qui importe est de les identifier. Rangez-les dans un dossier si vous le souhaitez mais, bon sang, vous feriez bien de les connaître si vous voulez éviter de commettre de terribles impairs sociaux.

J'ai travaillé pour une société où boire pendant la journée de travail était tabou, quelles que soient les circonstances. Vous ne pouviez même pas prendre une bière au déjeuner. L'alcool faisait l'objet d'un interdit majeur et je ne parvenais pas à comprendre pourquoi. Cela ne me dérangeait pas, je ne suis pas porté sur la boisson, mais cela m'intriguait. J'ai fini par apprendre que la société avait eu un directeur financier qui passait tous ses après-midi à dormir dans son bureau, porte fermée, pour se remettre de ses déjeuners trop arrosés. En fait, il passait aussi ses après-midi à détourner soigneusement des fonds sur ses propres comptes. Il a fini par se faire prendre et par être licencié. Depuis, la règle « pas d'alcool et pas de portes de bureau fermées » a été instaurée dans l'entreprise.

APPRENEZ À CONNAÎTRE LES RÈGLES NON ÉCRITES DE L'ENTREPRISE ET RESPECTEZ-LES

Règle 6.7

CONNAISSEZ LES RÈGLES RELATIVES AU POUVOIR

Qui dirige votre bureau ? Je parie que ce n'est pas votre patron. Les chefs ont tendance à s'enfermer dans leur bureau d'ivoire, laissant à quelqu'un d'autre le soin de mener les affaires. Votre travail est d'identifier cette personne et d'être bien vu d'elle.

J'ai travaillé pour des sociétés où le pouvoir réel se trouvait entre les mains d'un consultant en relations publiques, d'une secrétaire juridique, d'un auditeur, d'un client ou d'un manager junior. Dans chacun de ces cas, la raison pour laquelle cette personne particulière était en charge de diriger tenait au fait que :

- elle avait l'oreille du patron ;
- le patron lui faisait confiance ;
- elle menait une subtile campagne de diffamation, plutôt que de dire les choses franchement ou en face ;
- elle était là depuis un bon moment ;
- elle était entièrement motivée par le pouvoir et l'autorité ;

• de manière invariable, elle se montrait suffisamment déplaisante pour se servir de divers procédés en vue de parvenir à ses fins, quel que soit le sujet ;

• elle était extrêmement intelligente, mais manquait de l'expérience, des qualifications et du savoir-faire nécessaires pour accomplir réellement le travail correctement.

Dans chacun de ces cas, je progressais mieux une fois que je m'étais lié d'amitié avec ces personnes. Pour commencer, je ne les repérais pas immédiatement. Cela m'a toujours posé des problèmes. J'allais voir le patron et étais amené, plus tard seulement, à réaliser que j'avais commis une gaffe en procédant ainsi. « Oh, tout passe d'abord par Sarah » ou « J'en parlerais d'abord à Janine pour voir si elle pense que c'est une bonne idée » ou encore « Voulez-vous d'abord vérifier cela avec Trevor et revenir me voir ? », me répondait-il.

J'ai rapidement appris à aller voir d'abord les personnes qui avaient l'oreille du patron. Jouez le jeu avec elles et ne vous en faites pas des ennemis. Ce sont elles qui ont le pouvoir réel et vous devriez leur rendre hommage. Je sais que ce n'est pas juste et que vous détestez cette idée, mais jusqu'à ce qu'un meilleur système voie le jour, nous devons faire avec ce que nous avons.

J'AI TRAVAILLÉ POUR DES SOCIÉTÉS OÙ LE POUVOIR RÉEL SE TROUVAIT ENTRE LES MAINS D'UN CONSULTANT EN RELATIONS PUBLIQUES, D'UNE SECRÉTAIRE JURIDIQUE, D'UN AUDITEUR, D'UN CLIENT OU D'UN MANAGER JUNIOR

Règle 6.8

Connaissez les règles de hiérarchie au bureau

Cette règle fonctionne main dans la main avec la règle précédente. Vous devez savoir qui a l'oreille du patron et qui dirige le bureau. Même si vous êtes relativement senior, vous n'obtiendrez jamais la clé du placard à fournitures si vous ne parlez pas gentiment à Mark d'abord. Et votre thé du matin vous sera apporté froid si vous contrariez le personnel de la restauration en entrant d'un pas nonchalant dans la cantine pour commander votre thé, sans d'abord être allé voir le responsable administratif du bureau.

Les protocoles et hiérarchies de bureau ont beau être démodés, mesquins, étroits d'esprit, dépassés, ils occupent pourtant toujours une place très importante. J'ai travaillé, il n'y a pas si longtemps, dans un bureau où vous deviez apporter ce que vous aviez à taper à la responsable administrative, qui le donnait à une dactylo. Vous récupériez ensuite le travail prêt. Mais si vous contrariez la responsable administrative – il suffisait de fumer près d'elle, de parler du patron en termes désobligeants, de jurer, d'être habillé de manière décontractée –, vos documents étaient confiés à la pire des dactylos et revenaient en retard, pleins d'erreurs et de fautes d'orthographe, couverts de Tipp-Ex et de taches de café... et j'en passe.

Une fois que vous étiez bien vu de la responsable de bureau, tout changeait, et la dactylo vous remettait dans les délais un travail exemplaire.

Peut-être pensez-vous que c'était comme cela et que je ne pouvais pas vraiment me plaindre. Oui, mais la responsable administrative n'était pas ma responsable. Je n'utilisais les services de dactylographie qu'occasionnellement et j'étais senior. Je devais quand même respecter cette hiérarchie qui m'obligeait à rechercher le patronage de quelqu'un de junior pour obtenir qu'une tâche relativement banale et routinière soit accomplie. Cela me rendait fou et je devais passer pas mal de temps à chercher à plaire à la responsable administrative pour obtenir qu'une lettre soit faite. Cela prenait du temps, c'était contre-productif et sans intérêt. Mais, vous avez raison, nous devons faire avec ce que nous avons.

Et donc que faisons-nous? Nous jouons le jeu. Nous n'avons pas d'autre choix que de sourire et de faire la danse du ventre.

LES PROTOCOLES ET HIÉRARCHIES DE BUREAU ONT BEAU ÊTRE DÉMODÉS, MESQUINS, DÉPASSÉS, ILS OCCUPENT UNE PLACE TRÈS IMPORTANTE, ET VOUS DEVEZ LES RESPECTER

Règle 6.9

NE DÉSAPPROUVEZ JAMAIS LES AUTRES

Ainsi, ils se rendent tous de nouveau au bar à vin pour le déjeuner. Vous détestez cela. Vous détestez la fumée, le bruit, le bavardage inepte sur le programme à la télévision de la veille.

Mais allez-vous le leur dire ? Non. Vous devez faire partie de la bande ; vous fondre dans la bande. Vous voulez qu'ils pensent que vous êtes là-bas avec eux, par l'esprit sinon par le corps, sans y être en réalité. Facile. Vous vous en sortez en disant que vous avez une course à faire, que vous devez rendre visite à un ami, aller faire du sport.

Ne désapprouvez pas la manière dont ils passent leur pause déjeuner ; cela les amènerait à penser que vous n'êtes pas des leurs. Ne leur dites pas non plus que vous restez au bureau pour faire du travail en retard, ils penseraient que vous êtes un sale type. Mais vous pouvez parfaitement leur dire que vous sortez faire des courses, puis trouvez un endroit agréable pour vous installer dans votre voiture avec un soda et un bon sandwich et votre portable. Vous pouvez travailler plus, mais vous n'avez pas besoin de le leur faire savoir.

Ne leur dites pas que vous n'aimez pas boire de l'alcool au déjeuner ; dites-leur que vous arriverez un peu plus tard et demandez-leur de commencer sans vous. « Commandez-moi un verre. » De cette manière, la bande du déjeuner vous acceptera parmi elle sans que vous ayez jamais besoin de l'être. Vous serez accepté si vous ne désapprouvez pas.

Ou peut-être vont-ils tous jouer ensemble au bowling un mardi soir. Ne leur dites pas : « Mais le bowling est un jeu de débiles ! » Dites plutôt : « Ah, mardi soir ? J'ai bien peur que ce ne soit le soir où j'emmène ma mère au cinéma. » Vous pouvez aussi vous asseoir sur votre fierté, vos principes et votre désapprobation et y aller. Qui sait ? Peut-être vous amuserez-vous. Ainsi, vous vous mélangerez aux autres et vous ne montrerez pas que vous désapprouvez vos collègues. Bien joué.

Ce que les autres font de leurs loisirs, de leur argent ou de leur vie, ne vous regarde pas. Les bons joueurs se concentrent sur leur propre route et ignorent le chemin que les autres choisissent d'emprunter. Restez focalisé sur votre destination et ignorez ce que fabriquent les autres. En l'ignorant, il est plus facile de cesser de juger. En jugeant les autres, vous vous placez dans une catégorie et, de ce fait, vous vous empêchez d'être flexible et de passer facilement d'une situation à l'autre. En jugeant les autres, vous vous cataloguez à votre tour, ce qui n'est pas une bonne chose.

Règle 6.10

Comprenez la mentalité de bande

Les gens aiment former des petits groupes bien sécurisants – famille, amis, collègues de travail, régiment, ville, pays – et se battront avec acharnement pour les protéger. Si vous les menacez – ou, distinction importante, *s'ils pensent* que vous les menacez –, ils n'aimeront pas cela. Alors ne le faites pas. Comprenez que cette mentalité de bande est importante et qu'il est important de se mélanger à la bande.

Supposons que votre bande soit une troupe de lions. Oui, vous pouvez vous rouler dans la poussière, rugir, manger des zèbres et être très féroce et vous vous mêlerez à la troupe – vous serez un lion. Cela ne signifie pas cependant que vous devez capituler ou être faible. Il existe dans chaque troupe quelqu'un qui commande : un lion senior. Vous pouvez vous mélanger aux autres tout en continuant de vous détacher d'eux en étant responsable, en étant un chef de meute, en étant le grand chef.

Se mélanger consiste à faire le caméléon, et non la mauviette. Le simple fait que je dise que vous devez vous mêler aux autres ne signifie pas que vous devez renoncer à votre identité, devenir un clone et perdre toute individualité. Tout ce que vous devez faire est connaître et comprendre la mentalité de bande, puis l'utiliser en votre faveur. J'ai vu un jour un employé se mettre à pleurer parce qu'il ne connaissait pas le système, et la bande – ses collègues de travail – s'en prenait à lui. Il était « différent », ils sentaient qu'il avait peur et ils l'attaquaient.

Vous allez vous faire le loup du proverbe, déguisé en mouton. Si les moutons vous acceptent, alors vous pouvez faire plus ou moins tout ce que vous voulez d'eux. S'ils détectent la moindre trace de voracité, ils deviennent très fébriles.

Examinez un groupe quelconque de personnes et vous verrez les points communs qui les lient. Les gens aiment être des moutons, cela leur permet de se sentir :

- en sécurité ;
- à l'aise ;
- hors de danger ;
- protégés.

Ils n'ont pas à réfléchir et peuvent se contenter de manger l'herbe, dans le confort et la sécurité que leur confère la certitude que l'on prendra soin d'eux. Vous n'avez pas besoin de ce confort, il est bon pour les moutons. Vous êtes un loup. Réfléchissez de manière indépendante, vorace.

CERTES, JE VOUS DEMANDE DE VOUS MÊLER AUX AUTRES, MAIS JE NE VOUS DEMANDE PAS DE RENONCER À VOTRE IDENTITÉ, DE DEVENIR UN CLONE ET DE PERDRE TOUTE INDIVIDUALITÉ

RÈGLE 7

AGISSEZ AVEC UNE LONGUEUR D'AVANCE

Si vous devez progresser et grimper dans la hiérarchie, vous feriez bien de commencer à vous entraîner dès maintenant. La Règle 7 vous enseigne comment adopter les manies, attitudes et caractéristiques de management du poste situé audessus de celui que vous occupez en ce moment. Si vous donnez l'apparence de quelqu'un qui a déjà été promu, il y a de fortes chances que vous le deveniez.

Règle 7.1

Habillez-vous avec une longueur d'avance

Lorsque j'étais directeur adjoint, je m'habillais comme un directeur adjoint. Lorsque je voulus devenir directeur, j'étudiai ce que portaient les directeurs et les directeurs généraux. Je choisis de m'habiller comme un directeur général et je fus promu directeur général, sautant de ce fait le poste de directeur, situé entre celui de directeur adjoint et celui de directeur général. Il existe un style pour chaque poste. Vous pouvez choisir le travail que vous voulez. Vous pouvez maintenant choisir de vous habiller pour coller à l'image du poste que vous souhaitez obtenir. Alors vous obtiendrez le poste. Ce n'est pas plus compliqué que cela. Enfin, lorsque vous obtiendrez le poste, il vous faudra quand même assurer professionnellement. Ne rêvez pas.

J'ai fait passer de nombreux entretiens pour un grand nombre de postes différents à pourvoir. J'ai toujours été stupéfié par la manière dont les gens s'habillaient pour un entretien. On pouvait croire qu'ils ne voulaient pas du poste. Lors d'entretiens pour des postes de manager senior, j'ai vu certains candidats se présenter vêtus d'un costume avachi, d'une chemise non repassée, de chaussures non cirées et les cheveux en désordre. Je ne les aurais pas embauchés pour – je dois ici me montrer prudent pour n'insulter aucun groupe professionnel – attraper des furets.

J'ai aussi vu lors d'entretiens pour des postes de managers seniors, des candidats se présenter en retard, au mauvais endroit, à la mauvaise date. Certains étaient mal informés ou postulaient de manière évidente pour un autre poste.

J'ai fait passer des entretiens pour des stages où les candidats portaient des chaussures de sport ; ce n'était pas tout à fait ce que j'avais en tête.

Quel que soit votre travail, vous devez avoir les yeux rivés sur le poste au-dessus du vôtre. Ce n'est pas le cas ? Lisez la Règle 3 : *Ayez un projet.* Si vous avez les yeux sur le poste au-dessus, vous devez savoir qui l'occupe aujourd'hui. Examinez la personne qui occupe ce poste. Que porte-t-elle ? Comment s'habille-t-elle ? Quel est son style ? Est-elle élégante ? Que pouvez-vous apprendre de la manière dont elle s'habille ? Pouvez-vous commencer à l'imiter dès maintenant ? Et, quand je dis l'imiter, j'entends apprendre à vous habiller comme elle pour de bon. Cela signifie-t-il que vous devez porter un costume de bureau élégant ? alors, commencez à vous y habituer.

Il n'y a rien de pire que de commencer un nouveau travail et de changer au même moment de style vestimentaire. On remarquera que le col ne va pas, que les chaussures sont trop étroites ou étranges et que vous n'êtes pas à l'aise dans vos vêtements élégants ; cessez de tirer sur votre jupe ou d'ajuster cette cravate qui vous paraît incongrue.

VOUS POUVEZ CHOISIR LE TRAVAIL QUE VOUS VOULEZ. VOUS POUVEZ ENSUITE CHOISIR DE VOUS HABILLER POUR COLLER À L'IMAGE DU POSTE QUE VOUS SOUHAITEZ OBTENIR. ALORS VOUS OBTIENDREZ LE POSTE

Règle 7.2

Parlez avec une longueur d'avance

Comment votre patron parle-t-il ? Je suppose que vous voulez son poste. Sinon, quel autre poste briguez-vous ? Ou est-ce que je perds mon temps avec vous ? Allez, quel poste voulez-vous ? Commençons par celui de votre patron. Comment votre patron parle-t-il ?

Qu'est-ce que j'entends par « comment parle-t-il ? » ? Je vais vous expliquer. Il ne s'agit pas de son accent ou de sa prononciation mais du contenu, de ce qu'il dit. Je parie que vous vous exprimez en utilisant « je » alors que votre patron utilise probablement « nous ». Il est probable que vous parliez du point de vue d'un employé, alors qu'il parle au nom de la société.

Plus vous acquérez de l'expérience, moins vous êtes susceptible de :

- bavarder sottement ;
- dire des cancans ;
- jurer ;
- parler du programme télé de la veille ou de tout autre sujet sans rapport avec le travail en cours (les patrons ont

tendance à être plus concentrés et sont moins enclins à perdre du temps) ;

• parler à n'en plus finir (les patrons ont tendance à se montrer plus réfléchis et à marquer une pause avant de parler ; en tout cas, c'est vrai pour les bons).

Donc, si vous devez parler comme si vous occupiez le poste au-dessus du vôtre, vous devez vous montrer plus réfléchi, parler de choses pertinentes, utiliser « nous » plutôt que « je », aller droit au but et être dynamique, garder pour vous les détails personnels ; les patrons ne jacassent pas et ne cancanent.

Vous devez vous comporter en adulte et parler aux autres employés comme s'ils étaient des enfants. Vous devez vous montrer réservé et légèrement en retrait, vous devez donner l'image d'une personne mûre et responsable, fiable et consciencieuse.

Lorsque je parle d'un comportement « réservé », je ne veux pas dire dédaigneux. Vous avez rencontré, j'en suis certain, beaucoup de responsables qui commettent cette erreur simple. Il n'y a pas de place pour les dédaigneux au bureau. Le dédain n'est que de la vanité et le sentiment gonflé de son importance. La réserve consiste à se tenir légèrement en retrait, à être neutre et à montrer une supériorité qui repose sur l'expérience, le savoir-faire et les aptitudes naturelles.

ALLEZ DROIT AU BUT ET SOYEZ DYNAMIQUE, GARDEZ POUR VOUS LES DÉTAILS PERSONNELS : LES PATRONS NE JACASSENT PAS ET NE CANCANENT PAS

Règle 7.3

Agissez avec une longueur d'avance

Ça y est : vous voilà habillé et en train de parler comme si vous occupiez le poste au-dessus du vôtre. Vous devez maintenant agir comme si vous occupiez vraiment le poste au-dessus. Je sais, je sais : c'est trop dur, trop difficile. Qui a dit que cela serait facile ? Pas moi, mon cher. Je vous ai dit dès le départ que ce serait dur, plus dur que de simplement faire son travail, comme les gens normaux. Être un « adepte des Règles » demande plus d'efforts, exige plus d'attention aux détails et, de manière générale, beaucoup plus de travail. Mais les résultats sont fantastiques. En fait, être un « adepte des Règles » vous qualifie automatiquement pour les promotions. En effet, si vous parvenez à être un « adepte des Règles », vous méritez d'être promu. C'est une prédiction dont je sais qu'elle se réalisera. Appliquer les règles demande de la force de caractère, une grande volonté, de la détermination, de l'honnêteté, du courage, de l'expérience, un grand talent, du dévouement, de l'enthousiasme, des nerfs et du charisme – et vous serez à coup sûr promu si vous disposez de tout cela.

Alors agissez comme si vous occupiez le poste au-dessus. Regardez comment votre chef entre au bureau. Que remarquez-vous ? Faites attention à la manière dont il répond au téléphone, parle au personnel, reçoit les clients, tient son stylo, suspend son manteau, ouvre la porte de son bureau, s'assied, se lève ; bref, soyez attentif à tout ce qu'il fait. Je parie que vous remarquerez qu'il évolue de manière différente que, disons, le junior du bureau ou les membres de l'équipe d'entretien ou ceux des forces de vente ou les gars du marketing ou les gens des relations publiques.

Pour agir comme si vous occupiez le poste au-dessus, il vous faudra :

- être plus sûr de vous ;
- être plus mûr ;
- avoir davantage confiance en vous.

Vous devez être posé, courtois et raffiné. Non, non, je n'ai pas dit fanfaron ni agressif. Voici un exercice simple : disposez-vous de votre propre bureau ? Les gens frappent-ils à votre porte ? Que répondez-vous ? Un léger « Entrez, je vous prie » ? Ou « Entrez », à la manière de la personne qui occupe le poste au-dessus. Plus vous montez dans la hiérarchie, moins vous avez de temps à perdre. Vous devenez plus habile et plus rapide, plus efficace et plus énergique. Vous n'avez pas le temps de parler pour ne rien dire ou d'employer de longues expressions : un simple « entrez » est plus pragmatique. Vous aussi devez être plus pragmatique. Voilà le secret. Suivant.

APPLIQUER LES RÈGLES DEMANDE DE LA FORCE DE CARACTÈRE, UNE GRANDE VOLONTÉ, DE LA DÉTERMINATION, DE L'HONNÊTETÉ, DU COURAGE, DE L'EXPÉRIENCE, UN GRAND TALENT, DU DÉVOUEMENT, DE L'ENTHOUSIASME, DES NERFS ET DU CHARISME

Règle 7.4

Réfléchissez avec une longueur d'avance

J'ai dit que vous deviez être pragmatique. Réfléchir comme si vous occupiez le poste au-dessus consiste à réfléchir avec pragmatisme. Vous n'avez pas de temps à perdre à réfléchir aux questions suivantes :

• quelles seront les conséquences de ma promotion sur mes pauses-café ?

• cela veut-il dire que je peux toujours partir en vacances ?

• devrais-je travailler plus dur ? Plus longtemps ?

• est-ce que je vais récolter des lauriers ?

Non, vous réfléchirez plutôt aux problèmes suivants :

• est-ce mieux pour le service ?

• la société en retirera-t-elle quelque chose de positif ?

• pouvons-nous, nous patrons, *vendre* cela à notre personnel ?

• cela satisfera-t-il nos clients ?

Vous comprenez le message ? Vous voyez où je veux en venir ? Vous vous mettrez à réfléchir comme un patron et moins comme un simple employé. Vous verrez les choses du point de vue de l'entreprise au lieu de considérer leurs conséquences sur votre petite personne :

- considérez les choses dans leur globalité ;
- ayez des perspectives ;
- agissez comme un directeur ;
- cessez de jouer les figurants.

En fait, ces règles vous apprennent comment vous comporter en individu autonome, comment réfléchir par vous-même, comment voler de vos propres ailes. Mais si vous saviez faire tout cela, vous n'auriez pas besoin de ces règles. Et si vous ne le savez pas, ces règles peuvent vous l'apprendre. Poursuivez votre lecture.

VOUS VOUS METTREZ À RÉFLÉCHIR COMME UN PATRON ET MOINS COMME UN SIMPLE EMPLOYÉ

Règle 7.5

Abordez les questions et problèmes de l'entreprise

Nous avons déjà dit que vous deviez regarder les choses du point de vue de l'entreprise et non du vôtre. Vous devez pousser l'exercice plus loin et ne discuter que de questions et de problèmes de l'entreprise même lorsque vous vous parlez tout seul ou lorsque vous discutez avec des collègues proches. Vous devez les convaincre que vous êtes déjà un chef – voir la Règle 7.9.

Je me souviens, lors de la rédaction de mon premier livre, d'avoir naturellement été terriblement préoccupé par son apparence : la couverture était-elle comme il faut, adéquate, pertinente ? Le directeur marketing, commençant manifestement à se lasser de mes coups de téléphone interminables et ennuyeux destinés à vérifier chaque petit détail, finit par me dire : « Ce ne sont que des haricots en boîte, mon cher, des haricots en boîte. » Je ne comprenais pas ce qu'il voulait dire et il dut me l'expliquer avec des mots simples. Chaque livre est un produit – une boîte de haricots –, il repose sur un rayon et on l'achète ou non, en fonction de facteurs sur lesquels moi, simple petit écrivain insignifiant, je n'ai aucun contrôle. Ces facteurs sont la position du livre sur le rayon, les ouvrages concurrents placés à proximité, le temps, les remises effectuées par le libraire, et ainsi de suite. Toutes ces choses, dont certaines sont fascinantes, peuvent agir sur les ventes, comme le choix de la couleur de la couverture. Mon travail consistait à fournir le texte, puis à commencer à réfléchir aux problèmes de l'entreprise – nombre de boîtes de haricots vendues au cours d'un exercice comptable quelconque, montant de mon pourcentage sur chaque boîte, projet d'une nouvelle boîte de haricots, voire d'une boîte de raviolis.

Lorsque les problèmes surviennent, on a tendance à voir les choses de son propre point de vue et à considérer la manière dont on est directement concerné. Une fois que vous aurez adopté le langage de l'entreprise, il sera plus facile de commencer à voir les choses du point de vue de l'entreprise. Cela ne signifie pas que vous devez devenir un employé modèle, qui gobe tout ce qu'on lui raconte. En réalité, vous êtes autorisé à être honnête et à donner votre opinion. Si quelque chose pue, ça pue ; et vous devez le dire. Mais dites-le du point de vue de la société et non du vôtre.

Si la société propose une nouvelle procédure, réfléchissez immédiatement à la manière dont elle se répercutera sur vos clients et non sur vous.

SI LA SOCIÉTÉ PROPOSE UNE NOUVELLE PROCÉDURE, RÉFLÉCHISSEZ IMMÉDIATEMENT À LA MANIÈRE DONT ELLE SE RÉPERCUTERA SUR VOS CLIENTS – ET NON SUR VOUS

Règle 7.6

DITES « NOUS » PLUTÔT QUE « JE »

J'ai travaillé pour un patron qui demandait pour qui nous travaillions. Nous répondions :

- notre compte ;
- notre famille ;
- notre gestionnaire de compte ;
- notre estime personnelle ;
- notre patron ;
- le management ;
- le conseil d'administration de la société ;
- les clients ;
- les impôts ;
- le gouvernement.

Il opposait un « non » poli à toutes ces réponses. Il expliquait que nous travaillions pour les actionnaires. C'est ainsi. Voilà pour qui vous travaillez. Maintenant allez acheter quelques actions de votre société. Vous travaillerez alors pour votre compte. Vous pourrez alors vous mettre à dire « nous », plutôt que « moi » et « je ».

Vous êtes maintenant actionnaire et donc, lorsque vous devez parler du fonctionnement de la société, vous pouvez réfléchir à la manière dont cela se répercutera sur nous, les actionnaires, et non sur eux, le personnel (auquel vous apparteniez il n'y a pas si longtemps).

Si vous vous rendez à des réunions, utiliser « nous » au lieu de « je » vous rend beaucoup plus adulte et assuré.

Dites : « Si nous mettons en œuvre cette nouvelle procédure, nous devrons commencer par évaluer la réaction du personnel junior » ; plutôt que : « Je pense que c'est nul. »

Dites : « Nous devons inscrire, parmi les priorités, du temps pour parler de l'exposition » ; plutôt que : « Je panique, cette foutue exposition est dans deux semaines seulement et je n'ai encore rien fait. »

SI VOUS VOUS RENDEZ À DES RÉUNIONS, UTILISER « NOUS » AU LIEU DE « JE » VOUS REND BEAUCOUP PLUS ADULTE ET PLUS ASSURÉ

Règle 7.7

Mettez la théorie en pratique

Vous devez maintenant assembler les morceaux du puzzle ; vous devez mettre la théorie en pratique. Vous devez devenir celui que vous ambitionnez d'être, ce à quoi vous aspirez. Il ne s'agit pas de mimétisme mais d'entraînement. Si vous ne mettez pas la théorie en pratique, vous ne pouvez pas faire le travail.

Souvenez-vous cependant de ce que nous avons dit dès le début : vous devez être capable de faire le travail et le faire bien. Voilà ce qui compte. Si vous ne pouvez pas faire le travail, quittez la scène.

Ces règles ne sont pas pour ceux qui racontent des foutaises ni pour les poseurs. Elles sont pour les vrais assidus, les talentueux, les travailleurs acharnés, ceux qui sont naturellement doués, prêts à faire des efforts et à travailler tard.

Étudiez le poste auquel vous aspirez. Qui le détient aujourd'hui ? Pensez que ce dernier détient en réalité *votre* poste. Comment s'y prend-il ? Apprenez à évaluer ceux qui ont plus d'ancienneté que vous de la manière dont ils vous évaluent. Ne vous plaignez pas de votre patron ; observez plutôt ses erreurs et profitez-en pour en apprendre quelque chose. Identifiez les domaines où il est mauvais et jurez-vous de ne pas faire comme lui. Examinez ses réussites et commencez dès maintenant à vous inspirer de ses bons coups.

Si vous devez mettre la théorie en pratique, vous devez avoir les bonnes manies, le bon code vestimentaire, la bonne manière de parler, la bonne manière de vous comporter, les bonnes réponses et la bonne attitude. Vous ne pouvez avoir cela que si vous êtes prêt à consacrer du temps à mettre en œuvre un plan en quatre points :

- regarder ;
- apprendre ;
- pratiquer ;
- assimiler, faire vôtre.

Si vous êtes prêt à faire ces quatre choses, vous vous envolerez. Bien entendu, vous devez le faire sans que personne ne sache ce que vous faites et faire également votre boulot ordinaire de tous les jours. Lourde tâche ? Bien sûr. Qui a dit que ce serait facile ?

VOUS DEVEZ DEVENIR CELUI QUE VOUS AMBITIONNEZ D'ÊTRE, CE À QUOI VOUS ASPIREZ

Règle 7.8

Passez plus de temps avec les gens expérimentés

Quel que soit votre niveau dans l'entreprise, vous pouvez passer du temps avec les membres seniors du personnel et cela sans même qu'ils s'en rendent compte si vous gérez les choses correctement. Attirez l'attention sur vous et on vous verra comme un intrus, un espion, un resquilleur. Souvenez-vous : lorsque vous étiez enfant, vous pouviez assister aux fêtes des adultes si vous ne faisiez pas de bruit. Ils oubliaient votre présence. Mais, une fois repéré, on vous emmenait au lit, où vous auriez dû être. C'est pareil pour un employé junior dans une entreprise. Vous pouvez apprendre en traînant auprès des seniors, mais ne gâchez pas tout ou, métaphoriquement, on vous enverra au lit.

Au début de ma carrière, je remarquai que les membres expérimentés du personnel avaient tendance à s'attarder, à rester en arrière après les réunions et à parler entre eux. Les jeunes, eux, déguerpissaient et laissaient bavarder les huiles. Je compris qu'en traînant aussi un peu, en rangeant les tables, en vidant les cendriers (à cette époque, les gens fumaient) et en restant silencieux je pouvais surprendre beaucoup de choses et même être consulté de manière occasionnelle. « Ah, Richard, vous qui travaillez sur les nouvelles règles de facturation, qu'en pensez-vous ? » C'était ma chance de briller. Bien sûr, les premières fois, je gâchais mes chances ; je me mettais à bégayer, à rougir ou je restais muet et me conduisais comme un nul. Je me débrouillai mieux les fois suivantes.

Puis vint un temps où, lorsqu'on me demandait quelque chose, je me montrais cohérent, confiant et mûr. Étrangement, relativement peu de temps après, je fus promu. Je travaillais alors pour une entreprise anglaise très vieux jeu avec des plans de carrière très rigides : il fallait suivre une procédure très établie. On me permit de contourner ce système et j'attribue cela entièrement au fait de traîner dans les parages des grosses légumes.

Vous remarquerez, parfois, un chef assis seul, sans vis-à-vis, ou à l'écart lors d'un déjeuner ou d'un événement social. La plupart des employés n'osent pas aller le voir et bavarder ou sont trop imprégnés par les normes sociales pour aller lui parler. Connerie. Allez-y et papotez. Vous serez surpris de constater combien les chefs sont souvent heureux qu'un employé leur parle, parce qu'eux aussi sont des êtres humains et qu'ils se sentent à l'écart, seuls, ignorés, oubliés. Ils sont contents de bavarder, en tout cas tant que vous n'en profitez pas pour leur demander une augmentation ou des congés. Mais vous pouvez leur demander de vous parler de leur expérience. « Alors, comment êtes-vous arrivé dans le marketing, M. Johnson ? »

Vous glanerez peut-être quelques astuces utiles tout en vous préparant pour la règle suivante : amener les gens à présumer que vous avez déjà fait le pas.

Règle 7.9

AMENEZ LES GENS À PRÉSUMER QUE VOUS ÊTES PROMU

Agissez comme un directeur général, et les gens vous accepteront comme tel. Agissez comme un jeune employé de bureau et les gens penseront que c'est ce que vous êtes. Alors, comment procéder pour que les gens présument que vous avez déjà sauté le pas en étant promu ?

- Soyez confiant et assuré, faites preuve de maturité : « Oui, nous pouvons le faire. Je vais m'assurer que nous nous y mettons immédiatement. »

- Si vous venez travailler en jogging et chaussures de sport, vous n'inspirerez pas le même respect que si vous portez un costume élégant et avez l'apparence du rôle auquel vous prétendez.

- Au lieu de dire « je » et ne considérer chaque problème que de la manière dont il vous touche : « Je ne peux pas travailler pendant ma pause déjeuner, j'ai droit à une heure de repos », dites « nous » et considérez les choses du point de vue de l'entreprise, de ce qui est mieux pour l'organisation dans son ensemble. « Nous devons travailler ensemble là-dessus, je serai ravi de travailler pendant la pause déjeuner pour aider à résoudre le problème. »

• Si vous parlez de ce que vous avez regardé la veille à la télévision, si vous racontez vos vacances ou ce que vous allez faire le week-end, vous donnez l'impression d'avoir moins de consistance et d'expérience que si vous évoquez les problèmes de la société, les projets de votre service, les conséquences de l'augmentation des taux d'intérêt sur les affaires au cours des prochains mois et les mesures à prendre en cas de hausse.

Au fond, vous devez amener les gens à considérer que vous appartenez à la catégorie des poids lourds et non des poids légers. Soyez sérieux, mûr, comportez-vous en grande personne, en adulte. Cela ne signifie pas que vous devez vous conduire comme un bûcheur qui ne lève pas le nez de ses dossiers, un vrai petit saint ou un casse-pieds. Vous pouvez toujours comprendre les plaisanteries, apprécier une bonne rigolade, sourire, avoir le cœur léger, être jovial, être drôle et en pleine forme. Vous devez projeter une image de maturité, mais drôle. Vous devez faire en sorte que les gens sachent que :

• vous connaissez votre travail ;

• vous êtes expérimenté ;

• vous êtes sérieux ;

• vous êtes quelqu'un de confiance, responsable ;

• vous êtes fiable ;

• vous êtes la bonne personne pour le travail que vous voulez faire.

Donc, prenez l'habitude de flâner dans les bureaux en vous montrant courtois et cool. Soyez bien habillé, faites le bruit qu'il faut et assurez-vous que lorsqu'on vous propose le poste que vous voulez, vous êtes déjà capable de le prendre.

Règle 7.10

Préparez-vous pour l'étape qui suit la prochaine

Désolé mais vous ne pouvez pas vous la couler douce. Vous êtes un « adepte des Règles » maintenant et vous devez persévérer – pas de jour de congé, pas de repos, pas de pause, pas le temps de vous asseoir pour vous reposer en prenant un café les yeux dans le vide. Retournez à votre ouvrage. Vous avez donc les yeux fixés sur votre prochaine étape. Parfait, bien. Mais après cela ? Quelle est l'étape après la prochaine étape ?

Avant même d'obtenir votre prochaine promotion vous devez déjà vous entraîner pour l'étape suivante. Parce que, si vous ne vous y préparez pas maintenant, quand le ferez-vous ? Si vous jouez bien ce jeu, il y aura toujours une occasion de sauter une étape, de passer au-dessus d'une promotion. Il ne s'agit pas d'en faire un objectif constant, mais d'être prêt juste au cas où cela se produirait.

Vous avez, bien sûr, vos plans à long et court terme – Règle 3 – de sorte que vous avez déterminé votre plan de carrière et connaissez les mesures que vous devez prendre au cours de votre grand voyage. Vous amènerez les gens à penser que vous en êtes déjà à l'étape suivante en tenant le rôle que vous aurez dans l'étape suivante, en mettant la théorie en pratique et en parlant comme si vous étiez déjà le patron, mais cela ne fait pas de mal de commencer à vous préparer pour l'étape d'après.

Il n'est pas mauvais de laisser les gens voir que vous avez l'étoffe d'un dirigeant. Une fois que les gens ont pris l'habitude de vous considérer comme quelqu'un qui ira loin, vous irez loin. Si vous vous habillez de manière décontractée, dites des fadaises, ne faites pas votre part du travail et vous comportez comme un fainéant, on vous verra comme tel ; et vous resterez exactement là où vous êtes.

Regardez au sein de votre bureau. Pouvez-vous repérer les bêtes de somme et les fainéants ? Les fourmis ouvrières ? Les assidus et les bourreaux de travail ? Maintenant regardez de nouveau et repérez ceux qui iront loin, ceux qui appartiennent à la catégorie poids lourd, les fonceurs, ceux qui ont un dynamisme fou. Voyez-vous la différence ? Voyez-vous ce que vous devez faire ? Voyez-vous comment jouer un rôle vous assimile à ce rôle ? Voyez-vous ? Voyez-vous ?

Quels que soient vos objectifs, assurez-vous que tout ce que vous faites est sincère, justifié et en vaut la peine. J'ai travaillé à un moment pour un jeune homme promis à un bel avenir. Il préparait son étape suivante. Il se mit à venir au bureau avec une serviette alors qu'aucun de ses collègues ne le faisait ; aucun d'entre nous n'en avait besoin. Mais un jour, la serviette de Ray s'ouvrit, révélant aux yeux de tous son contenu, à savoir des sandwichs, un journal et un jeu de clés. Ce fut humiliant pour lui, gênant pour nous et triste pour tout le monde. Assurez-vous que votre serviette n'est pas pleine d'esbroufe, juste pour le cas où cela vous arrive.

RÈGLE 8

CULTIVEZ L'ART DE LA DIPLOMATIE

Les bons « adeptes des Règles » grimpent rapidement dans l'échelle sociale parce qu'ils sont diplomates. Ils ne commencent pas les disputes, ils y mettent fin. Ils ne cherchent pas à ménager la chèvre et le chou, ils réconcilient. Ils apportent le calme autour d'eux et les autres se tournent vers eux pour obtenir conseils et inspiration. Vous aussi vous vous montrerez diplomate. Vous serez connu pour votre évaluation objective des situations, votre attitude impartiale et vos prises de position équitables.

Règle 8.1

Lors des conflits, posez des questions

Vous participez à une réunion et les choses tournent mal. Le président ne gère pas particulièrement bien les choses et Steve et Rachael recommencent à se sauter à la gorge. Qu'allez-vous faire ? Posez des questions. Il est facile de désamorcer les situations dangereuses en poussant les protagonistes à examiner des détails. Vous n'avez pas besoin de mettre fin au différend ; ce n'est pas votre travail. Mais vous pouvez vous conduire en diplomate, ce qui vous fera remarquer et vous gagnera le respect de vos collègues.

Tournez-vous vers Steve et demandez-lui : « Steve, qu'est-ce qui te fait croire que ton service trouvera les nouvelles factures irréalisables ? » Si Rachael continue sur sa lancée, dites-lui simplement : « Attends, Rachael, je voudrais vraiment entendre la position de Steve. » Vous annoncez ainsi clairement que vous ne prenez pas position, mais vous désamorcez le conflit. Écoutez Steve puis tournez-vous vers Rachael et dites-lui : « Tu es convaincue que Steve a tort. Peux-tu me dire pourquoi ? »

Vous avez, en pratique, repris le rôle du président, vous êtes devenu le grand chef, vous avez pris les choses en main. Voilà une attitude à la fois diplomate et intelligente.

Poser des questions permet invariablement de calmer des situations explosives. Tournez-vous vers l'un des protagonistes et posez-lui une question simple. Ne vous laissez pas enliser dans un jargon de psy en demandant : « Pourquoi te sens-tu comme ça ? » ou « Peux-tu partager avec nous les raisons de ta colère ? ». Demandez aux deux adversaires de se concentrer plutôt sur un aspect qui mérite des explications. Ils seront obligés de lâcher des yeux leur adversaire pour réfléchir à leur réponse. Ainsi le conflit s'apaisera-t-il et vous aurez montré vos talents de diplomate.

Évitez de recourir à cette technique si le sang semble s'être retiré du visage de l'un ou l'autre des protagonistes ; une personne dont le visage est livide s'apprête à frapper quelqu'un, alors qu'un visage rouge indique simplement la colère.

Évitez de recourir à cette technique si le président est capable de gérer la situation – évidemment, il a laissé le différend se développer, mais il peut souhaiter intervenir pour rétablir l'ordre et être contrarié par votre intrusion.

Évitez de recourir à cette technique si vous êtes personnellement impliqué dans le débat, de quelque manière que ce soit.

Poser des questions pousse, en général, les gens à détourner leur attention du débat principal pour la porter sur un détail. Il faut qu'ils soient vraiment en colère pour ne pas se montrer suffisamment polis en essayant au moins de vous répondre.

Règle 8.2

Ne prenez pas parti

Si vous choisissez un camp, vous devenez partie intégrante du débat, du différend, de la dispute, du désaccord. Vous devez rester totalement objectif et fermement ancré dans une position neutre. Abstenez-vous de prendre position en toutes circonstances, sinon l'un des protagonistes risque de s'en prendre à vous aussi avec violence. Quel que soit l'objet du débat, *vous* devez :

- adopter une vue à long terme ;
- voir les choses du point de vue de la société ;
- rester impartial ;
- rester calme ;
- vous montrer diplomate ;
- ne pas prendre partie ;
- rester indépendant.

Plus vous paraissez neutre, plus vous donnez l'impression d'être senior. Si vous vous jetez dans la bataille tout de go et prenez partie, vous courez le risque de vous faire des ennemis et de passer pour une personne impétueuse.

Les choses se compliquent lorsque la dispute oppose un collègue ami et un collègue moins proche. Invariablement, votre ami se tournera de votre côté et essayera de vous entraîner dans son sillage : « Mais, pour l'amour de Dieu, Rich, dis-lui que j'ai raison ! »

Vous ne pouvez pas vous permettre de vous laisser entraîner. Vous devrez lever les bras dans un geste de défense et dire : « Ne m'implique pas là-dedans. Si vous n'arrivez pas à résoudre cela tous deux de manière raisonnable et sans vous disputer, je vous enverrai tous les deux dans votre chambre. » En disant cela, vous :

- en aurez plaisanté et aurez de ce fait détendu l'atmosphère ;
- aurez fait savoir que vous êtes au-dessus des deux protagonistes ;
- serez resté neutre ;
- n'aurez pas pris parti.

LORS D'UN CONFLIT VIOLENT, ABSTENEZ-VOUS DE PRENDRE PARTI, SINON L'UN DES PROTAGONISTES RISQUE DE S'EN PRENDRE À VOUS AUSSI AVEC VIOLENCE

Règle 8.3

Sachez quand garder votre avis pour vous

Il est très facile d'avoir des avis. Nous en avons tous. La difficulté est de savoir quand les garder pour soi et quand les exprimer. La raison pour laquelle la plupart des gens ne savent pas quand se taire tient à ce qu'ils pensent que leur avis :

- compte ;
- est écouté ;
- est important ;
- fera une différence ;
- les fera paraître malin/intelligent/efficace ;
- leur gagnera l'approbation/l'affection/l'attention des autres.

Bien sûr, ce ne sont que de fausses raisons. Si on vous le demande, dites ce que vous pensez. Si on ne vous le demande pas, taisez-vous.

Votre avis devrait presque toujours vous être demandé. Ce que vous avez à dire est important et vous ne laissez pas filer vos opinions bon gré, mal gré. Elles ne s'échappent pas de votre bouche. Vous n'êtes pas là, assis, à débiter des avis. Vous :

- avez un avis prêt pour le cas où on vous le demande
- apprenez à donner votre opinion de manière claire, précise et sincère
- faites-le toujours en donnant l'impression qu'il ne s'agit pas seulement d'un avis, mais de la véritable solution qui sera mise en œuvre.

Pour faire en sorte que votre avis ressemble plus à un fait avéré qu'à un avis, exprimez-le comme un fait. Ne dites pas « Je pense que nous devrions », mais « Nous devrions ». Ne dites pas « À mon avis, la ZX300 est une bonne machine », dites plutôt « La ZX300 est une bonne machine ».

Évitez d'employer les expressions suivantes :

- je pense ;
- je crois ;
- à mon avis.

NE DONNEZ VOTRE AVIS

QUE SI ON VOUS L'A DEMANDÉ

Règle 8.4

MONTREZ-VOUS CONCILIANT

Quelqu'un a été froissé. Vous n'étiez pas impliqué. Cela n'avait rien à voir avec vous. Peu importe. Débrouillez-vous pour panser les plaies des uns et des autres.

- Préparez une tasse de thé pour tout le monde.
- Flattez l'amour-propre de la personne qui a été blessée.
- Détendez l'atmosphère.
- Ouvrez une fenêtre.
- Amenez les protagonistes à se serrer la main (à s'embrasser ou à se réconcilier).

Le problème vient d'un chef qui a semoncé un junior? Faites en sorte de consoler le junior, de lui redonner courage, de l'égayer, de lui remonter le moral. Il convient de gérer le chef différemment. La meilleure façon est de procéder à un acte silencieux, mais désapprobateur, de conciliation : préparez-lui une tasse de thé, mais ne dites rien. Vous indiquez votre réprobation – et vous vous montrez, en conséquence, au-dessus de lui car jamais vous n'auriez perdu votre sang-froid comme il vient de le faire –, vous indiquez que vous ne le craignez pas ni ne craignez sa colère. Mais gardez le silence.

Si vous vous y prenez bien, il se verra obligé de vous demander ce que vous pensez de la manière dont il a explosé, crié ou puni quelqu'un. Répondez simplement : « Est-ce vraiment à moi de vous le dire ? » Il vous répondra invariablement : « J'apprécierais de connaître votre avis » ou « J'aimerais savoir » ou encore « Vous pouvez me répondre franchement ». Peu importe ce qu'il vous dit, vous l'avez eu.

Vous pouvez maintenant être conciliant, vous pouvez maintenant vous montrer diplomate, vous avez renversé la situation. Contentez-vous de dire : « Vous avez été parfait. Trish avait tort et quelqu'un devait le lui dire. » Ne critiquez, en aucun cas, la manière dont il a géré la situation. Faites-lui comprendre que vous désapprouvez, mais ne le dites jamais, au grand jamais.

Souvenez-vous toujours que votre travail n'est pas de faire des vagues, mais de voguer sur elles. Faites du surf jusqu'au sommet en vous montrant conciliant. Vous vous ferez ainsi des amis, rapprocherez des camps opposés et gagnerez le respect de tous.

Se montrer conciliant est un peu comme faire cesser une bagarre d'enfants. Vous ne voulez pas savoir qui a commencé – non, vous ne le voulez pas – ni quel est l'objet de la dispute. Vous ne voulez pas savoir qui a pincé qui ou qui a mordu qui. Tout ce que vous souhaitez est le retour de la paix, qu'ils se serrent la main et redeviennent amis. Au travail, c'est également tout ce que voulez. Utilisez les mêmes techniques que si vous étiez avec de jeunes enfants.

Règle 8.5

Ne vous mettez jamais en colère

Peu importe que Pete, du marketing, soit terriblement agaçant, ou que vous ne supportiez pas que Sandra, du service recherche et développement, se paie la tête des gens, ou que votre pression sanguine s'élève dangereusement lorsque la comptable se trompe une fois de plus, vous ne devez jamais, en aucune circonstance, vous mettre en colère. C'est comme ça. Il n'y a pas d'exceptions. Pas le moindre manquement à cette règle. Pas de pentes savonneuses sur lesquelles s'engager. Vous ne vous emporterez pas.

À moins, bien entendu, que vous ne fassiez semblant de piquer une colère. Dans ce cas, vous y êtes autorisé. Mais vous devez faire très attention de choisir le bon moment, la bonne occasion et le bon public.

Mais si ce n'est pas mis en scène, ne vous mettez pas en colère. Et cela ne m'intéresse pas de savoir à quel point vos collègues vous mettent en colère ou à quel point ils peuvent être énervants ou combien votre colère est justifiée. S'emporter signifie perdre le contrôle de soi. Et s'il y a bien une chose dont l'« adepte des Règles » dispose, c'est le contrôle de soi.

Alors, comment parvenir à garder votre calme et à bien vous comporter ? Facile. Levez les yeux au ciel. Non, sérieusement. Vous ne vous mettez en colère que si vous vous impliquez, si vous vous sentez concerné, si vous faites partie du problème. Si vous déplacez votre attention sur des questions plus importantes – de nouveau, le bon vieil intérêt de la société –, il devient plus facile de voir sous un angle nouveau ce qui vous ennuie.

Une autre méthode consiste à simplement sortir de la pièce, à quitter la réunion ou à planter là vos interlocuteurs. Contentez-vous de dire : « Je trouve cette situation intolérable. » Puis partez. Cela crée un assez gros choc et est généralement suffisant.

Ou essayez de compter jusqu'à dix en ne faisant rien.

Ne pas se mettre en colère ne signifie pas ne pas exprimer d'émotions. Vous avez le droit de dire : « Je trouve particulièrement énervant que tu manges tous les biscuits au chocolat/perdes les factures/contraries un client important/te gares sur l'emplacement réservé au DG/piques dans la caisse des dépenses courantes », bref tout ce qui vous rende dingue.

Vous pouvez tout à fait refuser de céder au chantage affectif, à l'intimidation, à une attitude exagérément affirmée ou à des gémissements. En revanche, vous ne devez pas prendre sur vous et vous taire. Lorsque vous vous sentez mécontent, dites-le immédiatement afin de désamorcer tout de suite la situation. Ne laissez pas les choses prendre de l'ampleur ou vous risquez d'exploser. Laissez sortir la pression petit à petit et les choses ne devraient jamais en arriver à un point critique.

Règle 8.6

Ne faites pas de critiques personnelles

C'est l'attitude de votre collaborateur qui ne convient pas, qui est agaçante ou préjudiciable au service. Ce n'est jamais lui. Et cette attitude ne vous ennuie jamais personnellement, mais nuit au service. Il suffit que vous vous rappeliez un truc américain sur l'éducation des enfants qui consiste à affirmer : « Ce n'est pas une vilaine petite fille ; c'est une gentille petite fille qui a fait quelque chose de vilain » ou « C'est un gentil petit garçon qui a fait quelque chose de vilain ».

Cela peut paraître simpliste mais cela pose, cependant, les éléments du décor. Vous ne les critiquez pas personnellement, mais leur attitude. Ne faites jamais, au grand jamais, de critiques personnelles.

Vous pouvez critiquer :

- la manière dont vos collaborateurs font leur travail ;
- leur ponctualité, leur attitude ;
- leur motivation ;
- leurs compétences en matière de communication ;
- leurs objectifs à long terme ;

- leur concentration ;
- leur connaissance des procédures applicables au bureau ;
- leur appréciation de la politique de l'entreprise ;
- leurs compétences relationnelles ;
- leurs résultats en terme de productivité.

Mais vous ne pouvez *jamais* les traiter de paresseux, d'ignorants, de bons à rien, de menteurs, de sales vaches, de voleurs. Oh, non. Jamais. Ils peuvent avoir besoin de formation complémentaire, de transfert, d'enseignement complémentaire, de changement de direction, de remotivation mais jamais de s'entendre dire exactement ce que vous pensez vraiment, vraiment, d'eux.

Vous devez adopter le même comportement vis-à-vis de votre patron. Vous pouvez savoir qu'il est nul, incompétent, corrompu et stupide. Mais est-ce que vous pouvez le dire ? Non, pas même à vos collègues. Souvenez-vous qu'un « adepte des Règles » doit prendre la défense du personnel peu expérimenté, des perdants ou de toutes les personnes victimes des autres. C'est la même chose en ce qui concerne votre patron. Prenez toujours sa défense, dans toutes les circonstances. Ne formulez pas de critiques personnelles à son sujet.

FORMULER DES CRITIQUES PERSONNELLES
VOUS AMÈNERA, AU PIRE, À ÊTRE RENVOYÉ,
ET, AU MIEUX, À PERDRE LE RESPECT DONT VOUS
BÉNÉFICIEZ AINSI QUE VOS AMIS

Règle 8.7

Sachez comment gérer la colère des autres

À certains moments, vous agacerez vraiment d'autres personnes. En fait, que vous soyez un « adepte des Règles » risque de leur pomper l'air, même si elles n'ont pas la moindre idée de ce que vous faites. Personne n'aime les petits malins qui savent tout et on pourrait bien vous prendre pour l'un d'eux si vous commencez à distancer vos petits camarades et à avoir bonne apparence et à paraître cool. Ils pourraient s'en prendre à vous. Ils pourraient vous attaquer. Comment désamorcer leur colère ?

Vous devez d'abord comprendre qu'il existe deux sortes de colère :

- la colère justifiée ;
- la colère tactique.

La colère justifiée est simplement justifiée. Vous leur avez écrasé les pieds avec votre voiture parce que vous ne regardiez pas. Ils sont furieux, non sans raison. Que faites-vous ? Vous sortez de votre voiture et vous présentez vos excuses. Dites-leur que vous êtes désolé, et pensez-le. Ne niez pas votre responsabilité. Ne leur dites pas que ce n'est pas grave, qu'ils en font vraiment tout un plat, qu'un jour on vous a arraché la jambe sans même que vous le remarquiez. N'essayez pas d'expliquer pourquoi vous ne regardiez pas où vous alliez. N'essayez pas d'esquiver vos responsabilités : « J'aurais pensé que cela vous aurait plu de vous faire écraser le pied par une Aston Martin haut de gamme. » Et pour l'amour de Dieu, ne riez pas.

La colère justifiée a besoin d'être suivie d'un résultat. Si vous avez fait quelque chose de mal, écoutez-les : ils sont en colère. Vous les avez mis en colère. Écoutez les reproches qu'ils ont à vous faire. Puis présentez-leur vos excuses et trouvez un moyen de remettre les choses en place. Montrez que vous les comprenez même si vous n'êtes pas en mesure de leur donner satisfaction. Faites-leur savoir que ce qu'ils ressentent ne vous laisse pas indifférent. Ne mettez pas leurs sentiments de côté ; ils sont justifiés.

La colère tactique est entièrement différente. Elle est utilisée afin de vous faire faire quelque chose que vous ne voulez pas faire. Les gens se mettent en colère pour vous intimider. La pire des choses est de les laisser faire en toute impunité. Si vous les y autorisez, ils continueront de vous menacer. Vous devez les arrêter immédiatement. Il suffit de leur dire : « Je n'aime pas qu'on me crie dessus/me menace/m'intimide/me malmène/autre chose, et je partirai si vous ne vous arrêtez pas/ne vous calmez pas/ne baissez pas les poings/ne lâchez pas mon cou. »

S'ils continuent, partez tout simplement. Voilà. Ne dites rien, sortez simplement de la pièce. Répétez-le suffisamment souvent et ils comprendront le message.

Règle 8.8

Tenez bon

Personne n'a le droit de vous malmener, de vous menacer, de vous crier dessus, de vous frapper, de vous intimider, de vous faire peur, de vous tourmenter, de vous persécuter ou de vous martyriser, de quelque manière que ce soit. Vous êtes un employé. Si vous n'accomplissez pas votre travail correctement, on devrait vous prendre à part, vous indiquer vos erreurs de manière calme et rationnelle. Tout le reste est de l'abus.

Vous avez le droit de refuser qu'on vous maltraite. Vous avez le droit de leur dire, calmement et rationnellement, d'arrêter sur-le-champ et vous êtes en mesure de vous servir de toute la puissance de la loi pour les faire cesser. Vous devez savoir quand tenir bon.

Évidemment, s'ils ne font que vous taquiner – de la même façon qu'ils taquinent vos collègues –, vous ne pourrez pas prétendre au statut de victime de harcèlement au travail. Si votre patron vous rembarre de temps en temps – comme il le fait avec les autres employés –, vous ne pouvez réclamer à la Cour européenne des droits de l'homme de le faire pendre, même s'il a tort. Si un collègue vous dit qu'il vous donnera une claque si vous lui fauchez de nouveau sa perforatrice, vous ne pouvez, lui faire un procès. Nous parlons ici de véritables abus, et non des menus conflits inhérents à une vie de bureau bien remplie.

Tenir bon consiste à avoir des principes, à tirer une ligne dans le sable et dire : « Je supporterai ceci, mais pas cela » ou « Je les autoriserai à faire ceci, mais pas cela ».

Tenir bon consiste à avoir de l'assurance. Avoir de l'assurance consiste à énoncer, avec confiance, vos valeurs :

- « On ne me parle pas ainsi »
- « Je me sens menacé et intimidé et je vais quitter la pièce »
- « Je n'apprécie pas d'être enfermé dans un placard tout noir et je signalerai cet incident à mon représentant/à mon patron/à la police/au comité d'hygiène et de sécurité/à ma mère ».

Si on vous intimide, adoptez la tactique du disque rayé : « Je n'apprécie pas d'être traité de cette manière. Je n'apprécie pas d'être traité de cette manière. Je n'apprécie pas d'être traité de cette manière. » Ne vous mettez pas en colère ou ils pourraient avoir l'impression d'avoir « gagné ». Sortez.

Règle 8.9

ÉVALUEZ OBJECTIVEMENT LA SITUATION

Si vous vous sentez visé, maltraité, tourmenté au bureau, vous disposez de plusieurs choix :

- partez ;
- signalez-le ;
- soyez en colère ;
- ne dites rien ;
- gérez la situation avec assurance.

La manière dont vous gérez les situations difficiles dépend de vous. Toutefois, avant de réagir, pensez à vos projets à long terme. Quel sera l'impact d'un recours pour licenciement abusif ou pour une démission forcée sur votre CV ou sur votre parcours professionnel ? Je ne dis pas que vous devez tolérer les abus de toute sorte pour pouvoir progresser. Je dis que vous devez évaluer objectivement la situation.

Je fus, à un moment, ridiculisé par un chef en particulier, méchamment ridiculisé. Cet homme s'était mis en tête que j'étais son punching-ball favori, sur lequel il pouvait frapper comme et quand il le voulait – et, curieusement, souvent après un déjeuner bien arrosé. J'étais relativement junior et j'avais peu d'alternatives : démissionner ou aller voir ses supérieurs et signaler son comportement. Mais son chef était également son meilleur ami. Si je m'étais plaint, je me serais fait renvoyer très rapidement. J'avais besoin de ce travail et je ne voulais pas démissionner. Je dus me montrer assez retors, mais je réussis à faire en sorte qu'il me malmène – qu'il se moque de moi et me parle avec grossièreté – alors que l'un de nos principaux clients écoutait.

Mon patron ne savait pas que le client avait tout entendu. Ce dernier, furieux, lui régla son compte sans ambiguïté. Il lui dit qu'il devrait avoir honte de traiter un junior de cette manière. Il lui passa un sacré savon, puis me demanda de le prévenir si cela se reproduisait – et que, dans ce cas, il ferait affaire ailleurs. Ses affaires représentaient environ 70 pour cent de notre chiffre d'affaires total.

Mon patron fut obligé de me présenter des excuses devant le client. Et je ne fus jamais de nouveau maltraité. Je pense que j'avais évalué la situation avec objectivité. Puis j'attendis et il recommença à maltraiter un de ses subordonnés et finit par se faire virer. Quand il partit, je lui fis un signe de la main en guise d'adieu, accompagné d'un sourire joyeux et d'un clin d'œil.

AVANT DE RÉAGIR,

PENSEZ À VOS PROJETS À LONG TERME

Règle 8.10

METTEZ LES CHOSES EN PERSPECTIVE

En fin de compte, ce n'est rien d'autre qu'un boulot. Il ne s'agit pas de votre santé, de vos amours, de votre famille, de vos enfants ou de votre âme. D'ailleurs, s'il s'agissait de l'une de ces choses, cela voudrait dire que vous vous êtes sérieusement trompé à un moment donné.

Votre travail n'est qu'un travail. Oui, je sais que vous avez besoin de votre salaire, etc., etc. Mais ce n'est qu'un travail et il y en a d'autres.

Passer une mauvaise journée au travail ne devrait pas vous :

- empêcher de dormir ;
- couper l'appétit ;
- faire perdre votre libido ;
- pousser à fumer davantage ;
- pousser à boire plus ;
- conduire à consommer de la drogue ;
- rendre irritable ;

- faire déprimer ;
- faire stresser.

Mais vous seriez surpris de savoir à quel point passer une mauvaise journée affecte les gens. Oui, peut-être ont-ils connu toute une série de mauvais jours. Mais, pris un par un, ce n'est qu'un mauvais jour. Vous devez apprendre à décrocher, vous détendre, ne pas prendre les choses si au sérieux, les analyser objectivement et les mettre en perspective.

Trouvez-vous un hobby, vivez. Vous devez travailler pour vivre, et non vivre pour travailler. Ne rapportez pas de dossiers à la maison ; soyez sûr de vous et refusez. Faites passer votre famille en premier. Consacrez du temps à vos enfants – ils grandiront si vite que vous manquerez leur précieuse enfance si vous faites passer votre travail en priorité. Croyez-moi, j'ai vu mes enfants grandir, cela va si vite que c'en est terrifiant. Élever des enfants peut paraître lent et stressant sur le moment mais cela passe comme l'éclair puis c'est irrémédiablement fini – et vous l'avez manqué parce que vous faisiez de la paperasserie le soir ou que vous participiez à une conférence terriblement ennuyeuse le week-end.

Ce n'est qu'un boulot.

VOUS DEVEZ APPRENDRE À DÉCROCHER,
À VOUS DÉTENDRE, À NE PAS PRENDRE LES CHOSES
SI AU SÉRIEUX ET À LES METTRE EN PERSPECTIVE

RÈGLE 9

CONNAISSEZ LE SYSTÈME ET EXPLOITEZ-LE

Si vous devez progresser, vous feriez bien de connaître les ficelles. La Règle 9 vous apprend comment comprendre le système et comment l'exploiter au mieux. Cette règle vous donnera une longueur d'avance sur votre direction parce que vous connaîtrez le système mieux qu'elle.

Règle 9.1

Connaissez toutes les règles non dites de la vie de bureau

Il existe, dans chaque lieu de travail, une quantité de règles non écrites. Il peut s'agir de règles aussi simples que de savoir qui est « autorisé » à utiliser tel ascenseur/telle cantine/ W-C/tel couloir/tel espace réservé aux fumeurs ou aussi complexes que de savoir qui a les clés de la caisse des dépenses courantes/du photocopieur/du placard des fournitures ou qui s'occupe du tableau des vacances. J'ai souvent vu les gens les plus étranges s'occuper de choses que personne ne leur avait confiées. J'ai travaillé à un moment dans un bureau où une traductrice suisse était chargée du tableau des vacances. Pour l'amour du ciel, pourquoi ?

C'était elle qui devait approuver, enregistrer et autoriser vos vacances. Mais pourquoi elle ? Chaque fois que je posais la question, on me répondait que les traducteurs s'occupaient des vacances pour des raisons historiques. C'était bizarre, stupide et complètement dingue. Mon responsable aurait dû le faire, mais j'imagine qu'il était ravi que les traducteurs lui retirent ce fardeau des épaules. Étrange.

Si vous occupez votre poste depuis quelque temps déjà, vous devez maintenant connaître toutes les règles en vigueur dans votre entreprise. Si vous débutez, vous devez les découvrir. D'accord, vous connaissez ces règles. À quoi vous servent-elles ? Facile. Cela ressemble un peu à l'ancien rôle des syndicats – essayer de rendre intelligible un règlement obscur que le management lui-même n'a jamais vraiment compris ou dont il n'a pas connaissance. En connaissant ces règles non écrites, vous serez en mesure de dominer tout le monde.

J'ai travaillé dans un bureau où la personne la plus junior devait, le matin, apporter un café à la personne la plus élevée dans la hiérarchie, et la règle non écrite voulait que ce junior attende qu'il ait fini de boire son café. Le junior n'était pas « obligé » de rester, mais il était implicite qu'il devait le faire. J'ai été ce junior. Je disposais, environ cinq minutes par jour, de toute l'attention du grand patron. J'avais l'oreille de la personne la plus élevée dans l'organigramme. J'avais accès à Dieu. J'en ai fait usage, comme vous pouvez vous en douter.

J'ai réussi à faire muter le chef de mon service vers un autre service. Il n'était pas populaire et je n'ai eu qu'à mentionner au grand chef qu'il disposait de certaines qualités cachées qui serviraient fort utilement le nouveau service. Il fut muté.

SI VOUS OCCUPEZ VOTRE POSTE DEPUIS QUELQUE TEMPS, VOUS CONNAISSEZ PROBABLEMENT TOUTES LES RÈGLES NON DITES ET NON ÉCRITES. SI VOUS DÉBUTEZ, VOUS DEVEZ LES DÉCOUVRIR

Règle 9.2

Sachez comment appeler les gens

Oui, vous devez savoir comment appeler les gens, mais cela ne signifie pas que vous allez les appeler ainsi. Je suis sûr que M. Cutler m'a oublié depuis longtemps. J'étais son adjoint il y a de nombreuses années. Lorsqu'il changea de société, il me téléphona pour me demander de venir le rejoindre, me proposant un meilleur salaire, de meilleures conditions de travail, etc., et j'acceptai.

Le premier jour où je travaillai avec lui dans la nouvelle société, il me dit : « Vous m'appellerez M. Cutler. » Pas question, Peter, pensai-je. Je l'appelais Peter dans la société précédente et j'allais continuer de l'appeler ainsi. Mais pas tout à fait immédiatement. M. Cutler avait plusieurs adjoints et ils devaient apprendre à connaître leur nouveau patron. Ils l'appelaient M. Cutler parce que c'était ce qu'il voulait. J'attendis le bon moment, et lors d'une réunion, je l'appelai Peter.

Il ne put m'arrêter devant mes pairs et ces derniers pensèrent, à juste titre, que je disposais d'une entrée privilégiée auprès de lui. Il ne me demanda plus jamais de l'appeler M. Cutler et on me considéra comme l'adjoint « senior » parce que je l'appelais Peter. Que cache un simple nom ? Beaucoup de choses.

Vous devez savoir qu'on s'adresse à Mme Robertson, de la comptabilité, en l'appelant Mme Robertson, et jamais Mary, bien que vous soyez au-dessus d'elle d'un point de vue hiérarchique. Pourquoi ne pas l'appeler Mary ? Parce qu'elle n'aime pas cela et qu'elle s'occupe des paies. Il y a eu des antécédents de chèques égarés, payés très en retard ou d'un montant bien inférieur à celui attendu. À chaque fois, ce type de problème concernait des gens qui l'avaient appelée Mary par ignorance ou par inadvertance.

J'ai travaillé, dans un de mes postes, avec un directeur administratif connu, pour de curieuses raisons, sous le nom de Triple Andouille. C'est une longue histoire, que vous n'avez sûrement pas envie d'entendre (non, je sais, vous ne le voulez vraiment pas). Tout le personnel senior – auquel, en qualité de directeur financier, j'appartenais – l'appelait devant lui Triple Andouille. Les membres du conseil d'administration l'appelaient Triple Andouille. La plupart des membres du personnel administratif l'appelaient Triple Andouille. Mais, pour tous les autres, il s'appelait M. Taylor, et jamais Triple Andouille. Je l'ai vu s'attaquer violemment à un jeune débutant qui avait commis l'erreur de l'appeler Triple Andouille. Mais quelle était la raison de cette étrange division entre ceux qui pouvaient l'appeler Triple Andouille et ceux qui ne le pouvaient pas ? Je n'en ai pas la moindre idée, mais mes relations avec lui étaient très étranges. Il était mon supérieur au plan hiérarchique, de peu. Mais j'avais soif de pouvoir à cette époque et je voulais tout contrôler. Je ne l'appelais jamais, au grand jamais, Triple Andouille. Je n'appréciais pas cet homme. En ce qui me concernait, il était toujours M. Taylor. Pourquoi ? Parce que ne pas utiliser son surnom créait une séparation entre nous et me distinguait des autres managers seniors. Je restais à l'écart, et Triple Andouille n'a jamais pu devenir proche de moi, devenir un « ami ». Je jouais la carte de la distance et je me vis finalement proposer la direction générale de la société, ce qui le mettait sous ma dépendance hiérarchique. Était-ce un succès ? Oui, mais qui avait le goût d'une victoire creuse – à cette époque, je n'utilisais pas les règles avec autant d'efficacité qu'aujourd'hui – et je partis pour de nouveaux défis, de nouveaux horizons.

Règle 9.3

Sachez quand rester tard et quand partir tôt

Il existe une règle non écrite selon laquelle, pour progresser, vous devez rester tard au bureau parce que tout le monde reste tard. Les clones restent tard. Les conformistes restent tard. Les fourmis ouvrières restent tard. Les « adeptes des Règles » rentrent chez eux lorsqu'ils le souhaitent, c'est-à-dire invariablement avant les autres.

Une autre règle stipule qu'il faut arriver tôt le matin au bureau. Qui vous a demandé d'arriver tôt ? Personne. Il s'agit d'une de ces règles non écrites que nous devons connaître afin de pouvoir l'adapter en fonction de nos propres fins.

L'objet de l'exercice est d'être *perçu* comme quelqu'un qui travaille aussi dur que les autres. Le jeu consiste à faire en sorte que les autres vous perçoivent comme quelqu'un de conformiste, alors qu'en fait ce n'est pas nécessaire parce que vous valez bien mieux que ça. Votre travail est accompli dans un temps record de sorte que vous n'avez pas besoin de rester tard.

Vous avez déjà observé des conférenciers sur la motivation ? Ils lèvent toujours la main lorsqu'ils vous posent une question – ainsi qu'au reste du public. Cela montre l'exemple et vous levez automatiquement la main parce qu'il y a déjà une main levée dans la salle. N'est-ce pas bête ? Mais il suffit que l'un de vous parte à une heure raisonnable pour que tous les autres suivent. Le « présentéisme » est le fait de rester parce qu'on pense que tout le monde reste. Il s'agit d'un fléau de la vie moderne de bureau. Nous nous imaginons tous que nos collègues nous observent, comme nous les observons, pour voir qui sera le premier à céder, à partir, à subir le courroux du patron.

Mais ce n'est qu'un mythe. Les premiers à partir ne manqueront rien. Ils libéreront le reste de l'équipe. Partez maintenant et rendez-nous notre liberté, s'il vous plaît.

La peur de manquer quelque chose est très réelle. Mais, si nous menons des vies passionnantes et intéressantes, nous savons que nous sommes le centre de l'univers et que ceux qui restent en arrière sont en réalité ceux qui passent à côté, qui loupent quelque chose.

Les gens s'imaginent qu'en partant tôt – en réalité à l'heure à laquelle nous nous sommes engagés de manière contractuelle – nous attirons sur nous une attention excessive, nous passons pour des tire-au-flanc. Mais cela n'arrive pas si nous partons ouvertement et d'un pas assuré. Nous ne nous faisons mal voir en partant avant les autres que si nous nous cachons pour sortir, si nous partons par la porte de derrière, si nous disparaissons dans la nuit la queue entre les jambes. Alors faites hardiment signe de la main et dites-leur : « Le dernier qui part éteint les lumières. » La question de savoir s'ils auraient eux aussi fini leurs affaires en temps voulu s'ils travaillaient mieux peut être débattue. Mais vous pouvez le penser quand même.

Règle 9.4

Sachez distinguer les vols des à-côtés

Que pouvez vous rapporter à la maison ? Des stylos ? Des trombones ? Des agrafeuses ? Quand cela relève-t-il de l'avantage et quand cela relève-t-il du vol ? Vous devez faire la différence car cette connaissance pourrait vous servir si vous voulez avoir prise sur quelqu'un – quelqu'un qui rapporte chez lui tout ce qui n'est pas vissé aux meubles. Observez ce qu'il prend et prenez en note mentalement. Cela pourrait se révéler utile. Bien entendu, vous, vous ne devez rien prendre.

J'ai vu un service entier se faire renvoyer parce que le nouveau DG s'était soudain mis en tête que ses collaborateurs étaient tous coupables de vol qualifié parce qu'ils avaient emporté chez eux des copies de tous les logiciels utilisés par la société. Ils disposaient tous à la maison des dernières versions de Windows, Word et Outlook Express, mais cela leur a fait une belle jambe lorsqu'ils ont dû pointer au chômage.

Qu'est-ce qui relève du vol ? Cela n'a pas d'importance. Ils ont été renvoyés. S'il avait été connu que l'un d'eux ne le faisait pas, ils auraient survécu. Si l'un d'eux avait su ce que le nouveau DG pensait des à-côtés, peut-être auraient-ils survécu.

Avant de vous remplir les poches, assurez-vous que cela en vaut la peine. Ces stylos sont-ils vraiment si séduisants ? Parviendrez-vous à revendre suffisamment de Bic pour nourrir votre famille le temps nécessaire pour retrouver un emploi ?

Nous avons précédemment examiné les règles non écrites sur la vie de bureau. Peut-être que de rapporter à la maison des avantages en nature fera partie de l'une de ces règles. Si vous choisissez de ne rien emporter, assurez-vous de ne pas être étiqueté bon élève, petit saint ou fayot, qualificatifs qui risqueraient de vous mettre à l'écart. Faites partie de la bande même si vous ne volez rien. Laissez savoir à votre patron que vous ne volez rien, mais faites en sorte que vos collègues pensent que vous êtes comme eux.

Et méfiez-vous des appels téléphoniques personnels et des connexions à l'Internet. Bien qu'ils ne constituent pas des à-côtés qu'on rapporte chez soi, passer des appels téléphoniques personnels lorsqu'on n'y est pas autorisé est considéré comme un vol. Il y a de fortes chances que les appels téléphoniques soient contrôlés, alors abstenez-vous.

Tricher sur les frais peut relever de la culture de bureau. Si vous ne le faites pas, cela peu attirer l'attention sur ceux qui le font. Alors que faire ? Vous devez vous montrer honnête et irréprochable, mais vous ne pouvez pas dénoncer vos collègues. Demander au public ? Téléphoner à un ami ? Cela semble un moindre mal, mais, maintenant que vous êtes un « adepte des Règles », vous ne pouvez pas fermer les yeux sur ces activités. Mieux vaut prévenir vos collègues qu'ils peuvent faire ce qui leur plaît, mais que vous ne participerez pas à ces irrégularités. Prévenez-les et tant pis pour eux s'ils persistent à magouiller.

Règle 9.5

IDENTIFIEZ CEUX QUI COMPTENT

J'ai commis une fois une grosse erreur ; en fait, j'en ai probablement commis beaucoup, mais celle-ci est particulièrement importante et me reste à l'esprit. Je travaillais pour une entreprise et nous avions un homme chargé de l'entretien. Tous les jours, en fin de journée, nous inscrivions dans le cahier d'entretien tout ce qui devait être fait – changer des ampoules électriques, débloquer un W-C bouché, réparer une chaise cassée – et Harry le faisait. Nous avions deux bureaux et je me mettais régulièrement en colère parce que Harry semblait passer plus de temps dans l'autre bureau que dans le nôtre. On ne savait jamais où trouver Harry.

Mes notes dans le cahier d'entretien devenaient chaque jour plus incisives, mais cela ne semblait servir à rien. Je rêvais de passer un savon à Harry si j'avais pu lui mettre la main dessus mais il effectuait la maintenance le soir et arrivait après notre départ du bureau. Toutes les réparations étaient faites dans l'autre bureau et aucune dans le nôtre. Ce n'était pas tolérable et je décidai un soir d'attendre Harry.

Harry ne venant pas, je me rendis à l'autre bureau. Harry était là en train de boire un café avec le grand chef, mon directeur régional. J'entrai en fulminant et lui dis : « Pourquoi diable croyez-vous être payé ? Vous devez assurer la maintenance dans l'autre bureau, et non prendre un café pendant votre temps de travail ! » Grossière erreur, à plusieurs titres :

- on n'engueule pas quelqu'un parce qu'il fait sa « pause-café officielle » ;

- on n'engueule pas quelqu'un parce qu'il boit du café lorsqu'il y a été invité par le directeur régional ;

- on n'engueule pas quelqu'un devant le directeur régional sans avoir au préalable vérifié certaines données essentielles à son sujet ;

- on fait les choses proprement ; on passe par la voie appropriée et on ne guette pas un employé pour le prendre sur le vif ;

- on *identifie toujours les gens qui comptent* ; dans cet exemple, il s'agissait de Harry.

Pourquoi Harry était-il important ? Parce qu'il était le beau-père de mon directeur régional. Il disposait d'un pouvoir et d'une influence que je ne pouvais imaginer posséder qu'en rêve. Il travaillait dans l'autre bureau parce que son gendre le lui avait demandé. Grossière erreur, comme je vous l'ai dit.

J'ai travaillé pour des entreprises où le caissier, le chauffeur du DG, le comptable et le chef cuisinier de la cantine avaient de l'influence. Cela prend du temps d'identifier ces personnes. Toutes disposent d'un atout qui leur donne accès à un chef haut placé ou qui leur confère une emprise sur eux, comme, par exemple, appartenir à leur famille. Trouvez ces personnes.

Règle 9.6

Soyez bien vu des gens qui comptent

Alors comment croyez-vous que je m'en suis sorti avec Harry, après mon éclat ? Nos relations étaient mauvaises avant. Elles sont devenues carrément épouvantables après. Pensez-vous que je pouvais arriver à lui faire changer une ampoule ? Pas question, plus maintenant, plus jamais. Identifier les personnes qui comptent va de pair avec se faire bien voir d'elles, aucun doute là-dessous.

J'ai travaillé à un moment pour un expert-comptable qui se comportait comme un parfait je-vous-laisse-deviner-quoi. Tout devait être fait à la lettre. Tous les *i* devaient avoir un point et les *t* être barrés. À côté de cet homme, Attila le Hun aurait fait figure de bénévole dans une association. Mais cet homme comptait. Il était non seulement l'expert-comptable de la société, mais il semblait doté d'une influence dépassant de beaucoup son rôle de comptable. Le grand patron s'inclinait devant lui, l'écoutait, recherchait ses conseils, n'osait pas le mettre en colère, le craignait et le traitait de manière générale avec beaucoup d'égards.

Je n'ai jamais su exactement la raison d'une telle influence, mais je dus travailler avec lui. Après l'avoir identifié, je dus faire en sorte de me faire bien voir de lui ; ce qui n'avait pas été le cas jusque-là. En tant que directeur financier, mon service était soumis à son contrôle étroit et constant.

Je le contrariais continuellement. Nous ne partagions pas le même point de vue. Il était comptable et moi directeur financier ; c'est-à-dire que nous appartenions à deux mondes différents. Mon rôle était de mettre en place des systèmes de sécurité, d'améliorer le cash-flow, de réduire les frais et de renforcer les procédures fiscales. Le sien était d'auditer chaque centime.

Un samedi matin, j'emmenai mes enfants à une vente de charité. Nous étions en automne et j'avais froid. Je m'achetai une écharpe aux couleurs d'une université, Vous voyez le genre, à rayures, sombre, classique. Je la portais au bureau le lundi lorsque je tombai sur l'expert-comptable au hasard d'un couloir. « Ah » dit-il, « je ne savais pas que vous aviez fait vos études à l'université de Manchester. Un bon point pour vous ». Et il poursuivit son chemin.

Je n'avais pas la moindre idée de ce dont il parlait jusqu'à ce que je réalise que l'écharpe portait les couleurs de l'université de Manchester. C'était l'université dans laquelle l'expert-comptable avait fait ses études (non, je n'y avais pas été, ni dans aucune autre université) et, à partir de ce jour-là, il me considéra comme l'un des siens, un pote, un vieux copain de fac. Je ne pouvais rien faire de mal.

Cette reconnaissance, je l'avais gagnée accidentellement. Mais, depuis cette époque, j'ai orchestré ce genre d'incidents pour me faire bien voir des gens qui comptent, de ceux qui ont une influence inattendue. Ces personnes sont faciles à identifier : elles disposent d'un pouvoir disproportionné par rapport à leur position ou à leur travail.

Faites attention à certains groupes de personnes qui possèdent souvent des ressources inappréciables. Soyez vigilant notamment avec les chauffeurs, les auditeurs, les gens des relations publiques, les gens des ressources humaines, les gens qui appartiennent à la société depuis très longtemps, les consultants externes, les agents indépendants, les caissiers, les anciens employés et, bien sûr, le personnel d'entretien !

Règle 9.7

MAÎTRISEZ LES NOUVELLES TECHNIQUES DE GESTION

Vous ne pouvez en aucun cas vous permettre de rester sans rien faire, de vous reposer sur vos lauriers, de vous détendre et de lever le pied. À chaque fois que vous vous y risquerez, quelqu'un vous prendra de vitesse.

Vous devez évoluer avec votre temps et cela implique de vous tenir au fait des dernières techniques de gestion, des dernières expressions à la mode, voire du parfum du mois chez les dirigeants. Pour rester au sommet, vous devez connaître le jargon employé. Vous ne pouvez pas parler de *personnel* quand tout le monde parle de *ressources humaines.* Vous passerez pour un ballot si vous persévérez dans la logistique alors que le conseil a décidé de concentrer les efforts sur le cœur de métier, principal générateur des revenus de la société.

Je ne vous suggère pas de mettre en œuvre toutes ces nouvelles techniques, mais vous devez les connaître si vous souhaitez conserver votre avance sur les autres. En outre, on peut vous demander de les connaître. Vous pouvez toujours vous amuser, en réunion, à jouer au bingo des expressions à la mode : accordez-vous un point chaque fois que vous entendez une nouvelle expression ridicule et sautez sur vos pieds en criant « bingo ! » lorsque vous avez gagné dix points. Cela vous maintiendra éveillé.

Et vous entendrez certainement nombre d'expressions merveilleusement inutiles.

Tachez de ne pas vous ridiculiser si vous utilisez des mots à la mode : vous devez savoir ce qu'ils signifient.

Vous devez également savoir quelles sont les toutes dernières disciplines de gestion et quel pourrait être leur impact sur vous. Essayez de ne pas avoir trop l'air dépassé en parlant de techniques de gestion. Par exemple, ce qu'on appelait *logistique* de mon temps, s'appelle aujourd'hui *gestion de la chaîne d'approvisionnement*; et, au moment où vous lirez ceci, je ne serais pas surpris que cela porte un autre nom.

Vous devez connaître les avantages et les inconvénients des expressions à la mode au cas où elles seraient utilisées dans la conversation. Elles peuvent vous permettre de briller. Il n'existe pas de guide du bluffeur sur le langage du management, aussi devez-vous intégrer ce langage dans votre stratégie et avoir une vue d'ensemble parce qu'il est vraisemblable que la pratique de votre cœur de métier évolue et que, par ricochet, vous soyez hors jeu si vous n'acquérez pas vos connaissances de manière autonome et ne commencez pas à réfléchir en dehors des sentiers battus. En restant dans le mouvement, vous pourrez faire partie de ceux qui font bouger les choses sans pour autant avoir à changer vos objectifs ou à en faire plus si vous travaillez déjà dur. Repoussez donc les limites de ce qui est possible et le résultat final dépassera tous vos espoirs.

Règle 9.8

Sachez ce qui se trame

Lorsque votre patron annonce qu'il veut améliorer les relations avec les clients et que vous devez tous participer à une formation pour apprendre à sourire, ne vous y trompez pas. Cela n'a rien à voir avec l'importance de sourire aux clients. Votre patron arrive en phase d'évaluation et a besoin de se faire bien voir, de paraître faire preuve d'enthousiasme, d'initiative et de motivation.

Et vous partirez tous suivre la formation pour essayer d'en retirer le maximum et pour travailler votre sourire. Et dans quel but ? Votre patron se fiche que vous souriiez ou non aux clients. Tout ce qu'il souhaite, c'est briller lors de son évaluation.

Ce genre de choses se produit au travail beaucoup plus souvent que la plupart des gens ne se l'imaginent. Je me suis un jour porté volontaire pour me rendre tous les lundis à l'université suivre une formation sur le registre du personnel et la comptabilité en partie double. Mon patron m'a trouvé dynamique, très motivé et enthousiaste. N'importe quoi ! Je voulais échapper au bureau tous les lundis parce que c'était le jour du classement et que je détestais cela. Suivre une formation me paraissait une bonne échappatoire.

Interrogez-vous sur les raisons de chacun et les motivations de chaque action. Cela ne signifie pas que vous devez vous montrer paranoïaque. Personne ne vous attend dehors. Il vous suffit de vous méfier des intentions cachées. Il se peut qu'elles ne vous atteignent en aucune manière, mais il est intéressant de repérer ce qui se passe vraiment.

J'ai travaillé pour un patron qui aimait être toujours le dernier à partir. Je pensais qu'il était consciencieux et assidu. Ce n'est qu'après qu'il eut été arrêté pour fraude que j'ai compris que rester après que tout le monde soit parti lui permettait de trafiquer les comptes. Et moi qui admirais son enthousiasme !

Demandez-vous toujours :

- pourquoi est-ce que cela arrive ?
- y a-t-il quelque chose qui m'échappe ?
- quelles personnes en profitent ?
- en quoi en profitent-elles ?
- qu'est-ce qui pourrait se produire, autrement ?
- est-ce que je peux en profiter aussi ?
- comment ?

Comme je vous l'ai dit, ne devenez pas paranoïaque, cherchez la réalité.

Règle 9.9

Identifiez les protégés et soignez-les

Tous les patrons ont des protégés. Je sais bien qu'ils ne devraient/que nous ne devrions pas, mais c'est humain. Cela se produit parce qu'ils sont/que nous sommes humains. Même les parents ont leurs préférés, bien qu'ils ne l'admettent jamais.

Cette règle comporte deux parties :

- s'il y a du favoritisme – et il y en aura – faites en sorte d'être le protégé du patron ;
- assurez-vous de connaître tous les protégés des autres services.

Si votre patron a des protégés, vous pouvez vous rebeller contre le système ou tâcher d'être le protégé. Si vous devenez un protégé, n'allez pas, pour l'amour du Ciel, en faire étalage devant vos collègues. Restez effacé et niez votre statut, montrez-vous humble et ne le reconnaissez pas, soyez modeste et prétendez que ce n'est pas le cas.

Acquérir le statut de protégé doit dépendre des aptitudes, de la présence, du charisme, du talent, de l'expertise, de la capacité à vous montrer sympathique, du charme, de l'amabilité dont vous ferez preuve et non d'un comportement lèche-bottes, flatteur, obséquieux ou flagorneur à l'égard du chef. Vous devez gagner le droit de devenir un protégé, et non vous insinuer dans la place. Sinon vos collègues vous détesteront. Si vous méritez sincèrement cette place parce que vous êtes fiable, sérieux, efficace ou honnête, alors vos collègues supporteront vos privilèges.

Il devrait être relativement facile de repérer les protégés des autres services. Ils devraient bénéficier du même traitement que vous :

- ils choisissent en premier leurs dates de vacances ;
- on leur fait confiance, ils sont les confidents ;
- ils sont invités aux réunions ;
- on leur propose les missions prestigieuses et on leur offre des à-côtés ;
- le patron bavarde avec eux plutôt que de leur aboyer dessus.

Une fois que vous avez repéré les protégés, faites-vous-en des amis. Vous saurez ainsi ce qui se passe, vous appartiendrez au petit cercle des gens informés, vous aurez l'oreille du patron d'autres services et aurez rejoint une certaine élite. Si, en revanche, vous désapprouvez entièrement le favoritisme, ne faites rien de tout cela.

Règle 9.10

CONNAISSEZ LA MISSION DE L'ENTREPRISE ET COMPRENEZ-LA

Au bon vieux temps, l'ordre de mission de l'entreprise devait être quelque chose comme « Gagnez autant d'argent que possible et tenez les actionnaires à distance ». Ce n'est plus le cas. Les ordres de mission sont aujourd'hui beaucoup plus complexes. Si vous voulez réussir dans votre travail, vous devez connaître la mission de l'entreprise et la comprendre, puis l'exploiter du mieux possible. Être capable de citer la mission de l'entreprise vous fera gagner des points si vous faites en sorte d'avoir l'air d'y croire. Si votre patron ne la supporte pas, trouve que c'est n'importe quoi et qu'il n'y a pas lieu de s'en soucier, alors ne dites rien.

Comprendre l'ordre de mission de l'entreprise est en général assez facile. C'est « rendre les gens heureux » chez Walt Disney, « permettre aux gens ordinaires de s'acheter les mêmes choses que les riches » chez Wal-Mart, mais, pour en comprendre réellement la teneur, vous devez lire toutes les mentions en petits caractères. Ainsi, l'exposé de Disney paraît assez simple, mais la mission est beaucoup plus riche que cela, car Disney fait état également de valeurs, comprenant :

- l'absence de cynisme ;
- la créativité, le rêve et l'imagination ;
- l'entretien et la diffusion des « saines valeurs américaines » ;
- une attention extrême portée à la cohérence et aux détails ;
- la sauvegarde et la maîtrise de la « magie » de Disney.

Si vous ne trouvez rien à exploiter là-dedans – en supposant que vous travaillez pour Disney –, vous ne pouvez prétendre que vous êtes un « adepte des Règles ». Imaginez seulement comme vous pourriez vous amuser avec certaines de ces valeurs. Imaginez seulement le pouvoir que vous exerceriez en réunion en citant simplement quelques-unes de ces valeurs. Quelqu'un propose quelque chose qui vous déplaît ? Il vous suffirait juste de prétendre que ce n'est pas conforme aux « saines valeurs américaines ». Génial.

Certains exposés historiques de mission étaient grandioses et auraient pu être exploités pour ce qu'ils valent…

- Ford (début du XXe siècle) : Ford démocratisera l'automobile ;
- Sony (début des années 1950) : devenir la société la plus célèbre pour avoir transformé la mauvaise image internationale des produits japonais ;
- Boeing (1950) : devenir le principal acteur de l'aviation commerciale et avoir amené le monde à l'âge du jet ;
- Wal-Mart (1990) ; valoir 125 milliards de dollars d'ici à l'année 2000.

RÈGLE 10

OCCUPEZ-VOUS DE L'OPPOSITION

Si une promotion est en cours avec cinq candidats possibles, comment allez-vous identifier vos concurrents ? Puis comment allez-vous faire en sorte d'être le seul choix véritable ? La Règle 10 vous enseigne comment identifier la concurrence – votre concurrence. Puis elle vous apprend comment faire de vous le favori, sans vous conduire de manière impitoyable ou sournoise. Si vous utilisez bien cette règle, vos concurrents vous recommanderont et souhaiteront que vous soyez promu avant eux.

Règle 10.1

Identifiez vos rivaux

Une possibilité de promotion se présente. Vous la voulez. Vous souhaitez passer au stade supérieur. Cette promotion cadre avec votre plan à long terme. C'est le moment et l'occasion parfaits de grimper. Mais vous n'êtes pas seul en lice. D'autres candidats doivent être pris en compte et, bien entendu, éliminés. Évidemment, il existe, pour chaque poste à pourvoir, deux catégories de candidats :

- les candidats internes ;
- les candidats externes.

Les candidats internes sont vos collègues immédiats, les employés d'autres services, ceux d'autres établissements, ceux exerçant des métiers différents du vôtre. Il est probable que vous sachiez déjà qui, parmi vos collègues immédiats, est intéressé et qui ne l'est pas. Les candidats des autres services devraient être identifiés en vérifiant auprès de vos sources – vous devriez avoir l'oreille des protégés de tous les services (Règle 9.9). Les candidats d'autres établissements posent plus de difficultés, mais vous devez pouvoir trouver l'information en utilisant vos contacts (Règle 5.8). Ce sont les candidats exerçant d'autres métiers au sein de votre entreprise qui constituent l'obstacle le plus sérieux. Le plus souvent vous n'en entendrez pas parler, jusqu'à ce qu'ils apparaissent soudainement au moment des entretiens. Lorsque je travaillais pour American Express, dans les années 1970, je postulais pour un poste de responsable de département. J'avais éliminé la concurrence potentielle de mes collègues, examiné les concurrents provenant d'autres services et établissements – il n'y en avait pas –, je me sentais sûr de ma position et détendu lorsque, soudain, un nouveau candidat est apparu, exerçant un métier complètement séparé, mais parallèle. J'appartenais au service comptable et cet homme à la sécurité. À la sécurité ? Mais que pouvait-il connaître du contrôle des comptes ? La direction a manifestement pensé qu'il en savait beaucoup, puisqu'il a décroché le poste. Je n'eus pas la moindre chance de le contrecarrer. J'avais été pris au dépourvu. Je décidai que cela n'arriverait jamais plus.

Les candidats extérieurs à la société constituent un problème délicat. Vous n'avez aucun moyen de savoir qui postulera. Mais vous pouvez :

- voir l'annonce avant qu'elle ne paraisse dans la presse et vous faire une bonne idée de ce qu'on attend du candidat ;
- utiliser des contacts pour savoir quels candidats externes ont passé les premiers barrages ;
- utiliser encore des contacts pour savoir quels candidats passeront un entretien et avoir une idée de la concurrence que vous rencontrerez.

Souvenez-vous que la connaissance c'est le pouvoir. Vous n'aimerez peut-être pas ce que vous découvrirez, mais au moins vous saurez.

Règle 10.2

ÉTUDIEZ SOIGNEUSEMENT VOS RIVAUX

Si vous souhaitez être promu et que vous rencontriez de la concurrence, vous devez lire, comprendre et saisir complètement ce qu'on attend du candidat. Vous devez préparer un CV sur mesure, des documents qui appuient votre candidature et une technique d'entretien, afin de cadrer parfaitement avec l'image du candidat idéal. Et vous devez étudier vos rivaux. Imaginez que vous postulez pour un poste de responsable départemental chargé de l'encadrement de la division ventes d'ordinateurs. Vous savez que vous avez :

- de l'expérience dans les ventes ;
- de l'expérience dans l'informatique ;
- mais peu d'expérience dans l'encadrement.

Examinez maintenant vos rivaux. Supposez qu'il y a deux autres candidats :

- Tony dispose d'une bonne connaissance pratique des produits, d'une bonne expérience de l'encadrement, mais ne connaît rien à rien aux ventes ;

• Sandra est bonne du point de vue des ventes, dispose d'une excellente expérience de l'encadrement, mais ne comprend rien au produit.

Quel est le candidat idéal ? Tout dépend de ce que recherche la direction ou de ce qu'elle pense rechercher. À l'évidence, le poste comprend trois aspects : vente, connaissance du produit et encadrement. Vous disposez de deux d'entre eux ; au même titre que les autres candidats. Mais quel est l'aspect le plus important pour la direction ? Vous devez soigneusement l'identifier :

• lisez le descriptif du poste ;

• prenez contact avec la personne en charge du poste aujourd'hui ;

• cherchez à connaître l'avis de la direction.

Si l'accent est mis sur l'un des deux domaines où vous êtes fort, vous avez déjà éliminé un candidat. La course ne comprend plus que deux coureurs. Si le troisième aspect est essentiel – l'encadrement, domaine dans lequel vous faites preuve de faiblesse –, alors vous devez renverser l'attention sur vos propres compétences et expériences. Vous devez, lors de l'entretien, trouver de bonnes raisons pour lesquelles votre manque d'expérience ne vous pénalise pas. Mettez en avant le produit, expliquez à quel point il est essentiel d'en avoir une bonne connaissance ainsi que de ses possibilités, mettez en avant l'importance des ventes, et démontrez qu'un service vit ou meurt selon les ventes qu'il enregistre.

Cela n'est, bien sûr, qu'un exemple. La réalité est beaucoup plus compliquée.

Règle 10.3

Ne poignardez pas vos rivaux dans le dos

Dans votre course pour le sommet, vous ne devez pas poignarder vos concurrents dans le dos. Ne les évincez pas par des moyens illicites. Vous pouvez vanter vos talents et capacités et influencer habilement l'avis de la direction en faisant ressortir explicitement votre propre expertise et implicitement les faiblesses de vos concurrents. Vous pouvez laisser entendre, suggérer, insinuer. Mais vous ne pouvez pas énoncer ouvertement et honnêtement les raisons pour lesquelles vous pensez qu'ils sont nuls. Afin de les éliminer, faites en sorte que la direction se focalise sur vos atouts, plutôt que sur leurs faiblesses.

Vous ne pouvez pas :

- dévaloriser vos concurrents ;
- poignarder dans le dos vos concurrents ;
- dire du mal de quiconque (voir Règle 4) ;
- mentir au sujet de vos adversaires (voir Règle 5.4) ;
- révéler des informations confidentielles sur vos rivaux, qui diminueraient leurs chances de réussite ;
- voler des informations ;

• espionner vos concurrents et mettre votre nez dans leurs affaires.

Voilà ce que vous ne pouvez pas faire. Mais que pouvez-vous faire, alors ? Eh bien, vous pouvez :

• vous servir de tous vos contacts pour évaluer le niveau de vos rivaux ;

• mettre en valeur, avec créativité, vos propres atouts en fonction des besoins de la direction ;

• magnifier vos propres avantages, en soulignant vos compétences et expertises spécifiques, précisément celles dont vos concurrents manquent. Ne dites pas qu'ils n'ont pas ce qu'il faut, mais assurez-vous que la direction sache que vous avez ce qu'il faut ;

• vendre à la direction quelque chose qu'elle veut, peut-être même sans le savoir, et que vos concurrents n'ont pas.

N'ÉVINCEZ PAS VOS RIVAUX PAR DES MOYENS ILLICITES

Règle 10.4

Comprenez la psychologie de la promotion

Supposons qu'un poste en interne se libère. Vous avez vraiment envie du poste. Il cadre bien avec votre stratégie. Cela ne vous déplairait pas, de gagner un peu plus d'argent. Vous disposez de l'expertise, de l'expérience et des compétences requises. Vous pensez postuler. Très bien. Mais quels sont les critères employés par les recruteurs ? Comment font-ils leurs choix ?

Vous imaginez que le poste X étant vacant, la personne Y sera en mesure de le pourvoir dans la mesure où elle dispose des qualités requises. Mais quelles qualités ? Oh, je sais que vous allez dire :

- l'expérience ;
- les compétences ;
- l'expertise.

Or vous disposez justement de ces qualités et c'est ce qui fait de vous le candidat idéal. J'ai bien peur que vous ne vous trompiez. Les choses peuvent être beaucoup plus compliquées que vous ne l'imaginez. Par exemple, l'annonce pour le poste a été passée dans les circonstances suivantes :

- le siège social a décidé de passer une annonce, mais votre direction n'a pas l'intention de pourvoir le poste ;

- votre manager a déjà pourvu le poste, de manière officieuse ;

- le poste est supprimé, aussi sera-t-il proposé à quelqu'un qu'on licenciera dans les six mois qui suivent ;

- tout cela n'est qu'une perte de temps ; la personne en poste a démissionné, mais retirera sa démission à la dernière minute ; elle ne la maintient, pour l'instant, que pour obtenir une augmentation ;

- le seul objet de l'exercice est de se débarrasser de quelqu'un, le poste sera proposé à un salarié dont on sait qu'il ne conviendra pas du tout, ce qui donnera des motifs pour le licencier par la suite, ce qui n'est pas possible dans le poste qu'il occupe aujourd'hui ;

- le poste est créé pour que le dirigeant puisse l'offrir à son protégé/amant/ami/parent/maître chanteur.

Je ne cherche pas à vous rendre paranoïaque, mais il existe mille et une raisons pour lesquelles vous pouvez ne pas décrocher le poste alors que sur le papier vous êtes la personne idéale. Il peut aussi exister mille et une raisons pour lesquelles vous devriez ne pas postuler. Vous devez identifier les premières et les secondes. Étudiez les tenants et les aboutissants de la situation. Les choses sont parfois très différentes de ce qu'elles paraissent. Ne vous fiez pas aux apparences.

Règle 10.5

N'EN DONNEZ PAS TROP AUX AUTRES

Il est probablement recommandé de ne dire à personne que :

- vous avez l'intention de postuler pour un nouveau poste au sein de la société,
- vous avez l'intention de postuler pour un nouveau poste en dehors de la société ;
- vous avez, de toute façon, l'intention de partir ;
- vous avez l'intention de demander une augmentation ;
- vous avez l'intention de modifier vos horaires de travail ;
- vous êtes un « adepte des Règles ».

Ne racontez à personne ce que vous faites. Vos interlocuteurs pourraient y voir de la vantardise – un « adepte des Règles » ne se vante jamais de rien, il est l'humilité même – ou se mettre à faire des commérages à votre sujet. Même si vous n'en parlez qu'à une personne, les choses finissent toujours par se savoir. Cette personne en parle à ses amis les plus proches et ceux-ci aux leurs. Et ainsi de suite, jusqu'à ce que votre patron vous convoque et vous somme d'expliquer pourquoi vous quittez la société lundi prochain, alors que vous aviez simplement dit à Susan, à la cantine, que vous aviez envie de changer de travail. En donnant aux autres des informations à votre sujet, vous prenez le risque :

• d'être victime du téléphone arabe (est-ce encore politiquement correct d'appeler cela ainsi, et si ce n'est pas le cas, comment appelle-t-on cela aujourd'hui ?) ;

• d'être le sujet de rumeurs, de commérages et d'offrir aux autres la possibilité de s'en servir à votre encontre ;

• de donner à vos concurrents un avantage injuste ;

• de donner à la direction une information qu'elle n'aurait pas dû avoir à ce stade.

Ne vous permettez même pas le luxe de penser tout haut. Gardez pour vous vos intentions et vous ne vous tromperez pas de beaucoup. Vos projets vous appartiennent exclusivement. Si vous avez besoin d'informations et que quelqu'un vous en demande la raison, inventez n'importe quoi. Il ne s'agit pas de mentir, mais de brouiller les pistes. Ne mentez pas, mais montrez-vous circonspect, retors, inventif, créatif, excentrique ; vous avez le droit d'utiliser des leurres.

Si quelqu'un vous demande directement si vous pensez postuler pour un poste particulier, vous pouvez toujours éluder sa question en disant : « Oh, toujours réfléchir à un nouveau poste ! » Est-ce que cela veut dire oui ou non ? Souvenez-vous : vous ne devez pas mentir. Ne répondez pas « Non » si c'est complètement faux, car on considérera que vous avez menti le jour où vous postulerez.

NE VOUS PERMETTEZ MÊME PAS LE LUXE DE PENSER TOUT HAUT. GARDEZ POUR VOUS VOS INTENTIONS ET VOS OPINIONS ET VOUS NE VOUS TROMPEREZ PAS DE BEAUCOUP

Règle 10.6

Tenez-vous au courant

Comment pouvez-vous prendre des décisions motivées ou coordonner votre plan de carrière si vous ne savez pas ce qui se passe ? Par exemple, imaginez que quelqu'un postule pour le poste qui vous intéresse. S'il a plus d'expérience, s'il est mieux qualifié, s'il dispose de plus d'expertise et de savoir-faire que vous dans ce domaine, alors peut-être ne devriez-vous pas vous présenter. À défaut, vous échouerez probablement, alors qu'un « adepte des Règles » réussit toujours.

Mais vous ne voulez pas baser vos décisions sur des rumeurs mais sur des faits certains. Vous voulez savoir ce qui se passe sans avoir à écouter les cancans et les bavardages de bureau. Il est donc raisonnable de :

- utiliser vos contacts au sein d'autres services ;

- être attentif pendant les réunions. La quantité d'informations qu'on peut récolter en lisant entre les lignes est souvent surprenante ;

- être à la recherche et à l'écoute des « intentions cachées » (les paroles des gens peuvent dissimuler ce qui se passe vraiment) ;

• entretenir vos relations avec le(s) protégé(s) de la direction ; vous constaterez qu'ils en savent invariablement plus que les simples mortels ; il suffit de faire en sorte qu'ils se mettent à table ;

• vous tenir au courant grâce à la presse commerciale ; vous pouvez y récolter des informations qui auront fait l'objet de fuite dans la presse avant d'être dévoilées au grand public – nouvelle fusion, prise de contrôle, acquisition d'une entreprise concurrente. Toutes ces bribes d'informations peuvent être utiles et peuvent vous donner une longueur d'avance sur vos collègues et concurrents.

Nombreux sont ceux qui n'arrivent nulle part *avec* leur travail parce qu'ils passent bien trop de temps à *accomplir* leur travail. Vous devez lever le nez de temps à autre et regarder autour de vous. Vous risquez de constater que le troupeau a avancé pendant que vous étiez occupé à brouter, que vous êtes seul et qu'on vous a oublié.

NOMBREUX SONT CEUX QUI N'ONT JAMAIS DE PROMOTION PARCE QU'ILS PASSENT BIEN TROP DE TEMPS À *ACCOMPLIR* LEUR TRAVAIL, SANS JAMAIS LEVER LE NEZ

Règle 10.7

Faites en sorte que vos rivaux semblent irremplaçables

Nous avons examiné pourquoi vous ne pouvez vous permettre de donner des coups de couteau dans le dos – Règle 10.3 : *Ne poignardez pas vos rivaux dans le dos* – et vous savez que vous ne devez dire du mal de personne – Règle 4 : *Si vous n'avez rien de bien à dire : taisez-vous* –, mais quand même, que faites-vous si l'un de vos concurrents se rapproche trop près du patron et qu'il risque d'être promu à votre place ? La solution est simple : faites en sorte qu'il semble irremplaçable, bien sûr. Il suffit de souligner toutes les choses importantes mais banales qu'il réalise. Faites remarquer à votre patron ses aptitudes dans les domaines ennuyeux et monotones. « Mon Dieu, comment ferions-nous sans Rachel pour le classement ? Elle doit être du signe de la Vierge, elle fait ça tellement bien. » Vous ne devez souligner que les domaines dans lesquels votre rival excelle. Vous ne devez pas mentir – Règle 5.4 : *Ne mentez jamais.* Contentez-vous de faire l'éloge des compétences spécifiques de votre rival. Compétences qu'il applique au mieux au poste qu'il occupe.

Votre patron est votre client ; vous lui vendez vos services. Vos collègues sont vos concurrents. Si vous vendez des voitures et que quelqu'un vous demande si les voitures que l'on vend dans le garage voisin sont meilleures que les vôtres, que répondez-vous ? Vous ne direz certainement pas : « Oui, leurs voitures sont bien meilleures que les nôtres ; en plus, elles sont moins chères. Allez-y immédiatement et achetez une voiture tout de suite. » Mais vous ne direz rien de mal non plus – « Ce sont toutes des voitures volées ». Vous direz plutôt à votre éventuel client : « Leurs voitures sont bien mais elles visent un autre type de clientèle ; ils vendent plus de familiales que nous. » Vous n'avez pas menti. Vous avez flatté indirectement votre client en sous-entendant : « Vous avez, à l'évidence, besoin d'une voiture de fonction haut de gamme et non d'un véhicule de mauvaise qualité comme ceux qui sont vendus à côté », mais vous n'avez rien dit de mal.

Vous pouvez aussi amener votre collègue rival à se poser des questions sur le nouveau poste : « Si tu obtiens le poste de Richard, comment penses-tu t'en sortir avec toutes ces réunions ? Je me souviens que tu disais détester les réunions. » Avec un peu de chance, il réfléchira aux réunions mortelles, interminables et intimidantes, et se retirera peut-être de la course. Vous, au contraire, vous les trouvez stimulantes, excitantes et très productives – et vous n'avez rien dit de mal, vous vous êtes contenté de poser une question toute simple. Vous voulez amener vos rivaux à vouloir rester là où ils sont : ils se sont rendus irremplaçables *tous seuls.*

VOTRE PATRON EST VOTRE CLIENT. VOS COLLÈGUES SONT VOS CONCURRENTS

Règle 10.8

ÉVITEZ DE DISCRÉDITER VOS RIVAUX PAR DES COMPLIMENTS EMPOISONNÉS

La dernière règle peut donner l'impression que vous devez vous montrer sournois, retors ou impitoyable pour réussir. Il n'en est rien. Tout doit être pensé, sincère et honnête. Ne faites pas de compliment à vos rivaux, sauf si vous pensez réellement ce que vous dites. Il est si facile de saper quelqu'un en chantant ses louanges, alors qu'en réalité vous cherchez à lui jouer un vilain tour. Peut-être pensez-vous que c'est malin. Ce n'est pas le cas. Vous serez immédiatement découvert et passerez pour un individu superficiel, vindicatif et impitoyable. Vous souvenez-vous de la Règle 4 : *Si vous n'avez rien de bien à dire : taisez-vous*? Peut-être pensez-vous que vous pouvez vous permettre de dire des vacheries sur les gens en les faisant passer pour des compliments, mais ce n'est pas le cas. Voici quelques exemples de phrases à ne pas dire.

- « Oh, je sais que Bill est génialement loufoque, il réfléchit de manière tellement originale, il marche vraiment en dehors des sentiers battus, il est si original et si bizarre. »

En réalité, vous êtes en train de dire : c'est un loup solitaire, un peu fou, auquel on ne demanderait pas de surveiller un goûter entre chimpanzés, et encore moins un service entier.

• « Bill est un travailleur tellement résolu. Il ne se soucie pas de ce que cela coûte, il peaufine ses dossiers dans les moindres détails. Il fait preuve d'une grande détermination. Il apprécie de faire les choses jusqu'au bout, quoi qu'il arrive. J'admire sa faculté de passer outre au prix d'un projet pour se concentrer sur son application. »

En réalité, vous êtes en train de dire : on ne pourrait même pas lui faire confiance pour gérer son argent, et encore moins celui des autres.

• « Bill fait vraiment partie de la bande. Il sait se lâcher et s'amuser. J'admire sa capacité à tenir l'alcool. S'il se passe un truc atypique, Bill est toujours là, il est tellement libre d'esprit et tellement jeune d'esprit. »

En réalité, vous êtes en train de dire : c'est un alcoolique un peu dingue, auquel on ne peut confier l'encadrement du personnel parce qu'il a l'âge mental d'un adolescent.

• « On ne peut pas coincer Bill au bureau. Il a un dynamisme fou. Je ne pense pas que notre petite cage soit suffisamment grande pour contenir un homme doté d'une telle énergie. Je l'envie. Je reste assis ici à faire de la paperasse pendant qu'il se balade pour voir les clients, noue des contacts et fait exploser les ventes. »

En réalité, vous êtes en train de dire : Bill est nul pour le travail administratif. Ne commettez pas cette erreur. Vos responsables s'en rendront compte et n'aimeront pas cela.

Règle 10.9

TIREZ PROFIT DES MOMENTS SUSCEPTIBLES DE FAIRE AVANCER VOTRE CARRIÈRE

De temps à autre, la routine, le train-train sont rompus. Ces moments, si vous y êtes en vedette, sont les moments où vous pouvez faire avancer votre carrière. Il peut s'agir de :

- votre entretien initial d'embauche ;
- votre premier jour ;
- faire une présentation ;
- organiser une exposition ;
- présider une réunion importante ;
- vous faire confier la responsabilité de la formation du personnel ;
- la gestion d'une crise ;
- négocier avec les syndicats ;
- assister à une réunion du comité d'hygiène et de sécurité ;

- faire partie des secouristes ;
- organiser la réception du personnel ;
- être responsable de la visite d'un dignitaire, d'une personne célèbre ou d'un homme politique important ;
- la publication du bulletin interne ;
- la gestion des médias ;
- vous faire confier le contrôle du déménagement de l'entreprise.

Nombreux sont ceux qui sont d'abord remplis de consternation et d'horreur lorsqu'on leur présente une nouvelle responsabilité. « Oh, non », disent-ils, « pas l'organisation du stand au salon de l'immobilier cette année ! Pourquoi moi ? Mon Dieu, pourquoi moi ? ».

Mais vous, vous connaissez la règle ; c'est une occasion de faire progresser votre carrière et vous ferez bien d'en profiter pour briller. Il n'y a pas de mauvais travail, simplement de mauvaises attitudes à l'égard du travail.

Recherchez toujours des moyens d'enrichir les tâches qu'on vous a confiées, rendez-les plus intéressantes, faites-les plus efficacement et plus rapidement, et comprenez qu'elles vous fournissent la possibilité de briller.

IL N'Y A PAS DE MAUVAIS TRAVAIL, SIMPLEMENT DE MAUVAISES ATTITUDES À L'ÉGARD DU TRAVAIL

Règle 10.10

ENTRETENEZ L'AMITIÉ ET L'APPROBATION DE VOS COLLÈGUES

Si vous suivez toutes les règles énoncées et décrites dans ce livre, vous serez quelqu'un de vraiment bien, sympathique, sûr de vous, agréable et plein d'assurance. Vous serez une personne adulte qui sait aussi s'amuser. Vous avez besoin du soutien de vos collègues pour progresser, de leur amitié et de leur approbation. À défaut, vous courrez le risque qu'on vous joue de sales tours, qu'on vous démolisse, qu'on vous maltraite, qu'on vous dame le pion. Mais comment cultiver l'amitié et l'approbation de vos collègues lorsque vous faites tout pour être promu avant eux et devenir leur patron ?

La solution est d'appartenir à la bande tout en conservant un minimum de détachement. Vous devez courir avec les moutons et chasser avec les loups. Vous devez être à la fois l'un d'eux *et* l'un des patrons.

Vous aurez besoin de nouer de bonnes relations avec vos collègues tout en restant maître de vous et de la situation, tout en évitant de vous enivrer, de coucher avec l'un d'eux ou de prendre les choses de manière personnelle. Riez de leurs plaisanteries, mais ne partez pas en vacances avec eux. Écoutez leurs problèmes, mais ne leur dites pas qu'ils sont dénués d'intérêt ou sans importance. Apportez-leur votre soutien et votre aide lorsqu'ils sont sous pression, mais restez vous-même toujours calme. Vous devez jouer le rôle de la mère poule tout en étant leur ami et en faisant partie de la conspiration. Vous devez écouter leurs plaintes au sujet de la direction et du patron sans révéler votre identité réelle : leur futur nouveau patron.

Vous devez les aider à accomplir leur travail afin qu'ils prennent l'habitude de vous faire confiance. Vous devez avoir plusieurs casquettes, celles de diplomate, de médiateur, d'arbitre, de copain et de prêtre. Vous devez les amener à vous aimer pour votre gentillesse et votre côté sympathique.

Vous devez être pour eux un soutien précieux, un appui, un pote. Vous devez faire en sorte qu'ils se sentent uniques, qu'ils aient l'impression que, sans vous, leur vie serait grise, terne et ennuyeuse. Vous devez être l'âme de la fête, son organisateur et celui qui range quand tout le monde est parti.

Tout cela est possible, pas facile mais possible. Si vous parvenez à vous faire bien voir de vos collègues, ils vous pousseront vers l'avant de la scène et souhaiteront que vous deveniez leur patron. Vous serez l'« adepte des Règles » *par excellence.*

RICHARD TEMPLAR

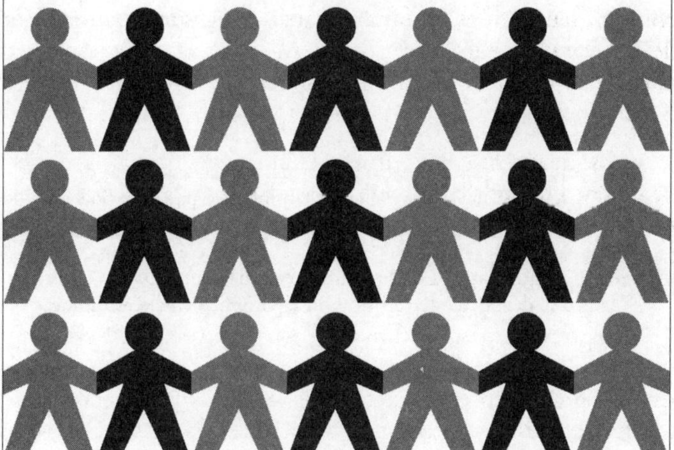

Code pour
un management
efficace

Les 100 RÈGLES D'OR du MANAGEMENT

MARABOUT

Pour l'éditeur, le principe est d'utiliser des papiers composés de fibres naturelles, renouvelables, recyclables et fabriquées à partir de bois issus de forêts qui adoptent un système d'aménagement durable.

En outre, l'éditeur attend de ses fournisseurs de papier qu'ils s'inscrivent dans une démarche de certification environnementale reconnue.

Photocomposition Nord Compo.

Imprimé en Allemagne par GGP Media GmbH

Pour le compte des Éditions Marabout.
Dépôt légal : janvier 2010
ISBN : 978-2-501-05530-7
40.8200.4
Édition 04